Natur bewusst 5

Physik · Chemie · Biologie
Hauptschule Bayern

Herausgeber
Rainer Hausfeld
Wolfgang Schulenberg

Autoren
Carola Gartzen
Rainer Hausfeld
Britta Scheffer
Wolfgang Schulenberg
Bernd Vorwerk

| **Zusammenfassender Merksatz**

T **Tipp**
für den pfleglichen Umgang mit sich und der Umwelt

V **Versuch**

M **Methodenseiten**
Auf diesen Seiten geht es um wichtige Arbeitsweisen

G **Grundwissen**

© 2004 Bildungshaus Schulbuchverlage
Westermann Schroedel Diesterweg Schöningh Winklers GmbH, Braunschweig
www.westermann.de

Das Werk und seine Teile sind urheberrechtlich geschützt. Jede Nutzung in anderen als den gesetzlich zugelassenen Fällen bedarf der vorherigen Einwilligung des Verlages.
Hinweis zu § 52 a UrhG; Weder das Werk noch seine Teile dürfen ohne eine solche Einwilligung gescannt und in ein Netzwerk eingestellt werden. Dies gilt auch für Intranets von Schulen und sonstigen Bildungseinrichtungen.

Druck A 2/ Jahr 2006
Alle Drucke der Serie A sind im Unterricht parallel verwendbar.

Redaktion: Dr. Helga Röske, Ingeborg Kassner
Lay-out und Typographie: Schwanke & Raasch Hannover, Thomas Schröder, Braunschweig
Herstellung: Dirk Walter von Lüderitz, Reinhard Hörner
Druck und Bindung: westermann druck GmbH, Braunschweig

ISBN 978-3-14-**150575**-7
     alt: 3-14-**150575**-6

Inhaltsverzeichnis

Lebensgrundlage Sonne

Tipps und Hinweise 6

1   Die Natur im Jahreslauf 10
1.1 Erfahrungen mit der Sonne 10
1.2 Die Sonne im Jahreslauf 12 [M]
1.3 Tiere und Pflanzen im Herbst und Winter 16
1.4 Langzeitbeobachtungen 18 [M]
1.5 Tiere und Pflanzen im Frühling und Sommer 20
1.6 Das Igeljahr 22
1.7 Die Kartoffelpflanze im Jahreslauf 24
1.8 Der Kalender der Natur 26
1.9 Ergebnisse werden dargestellt 28 [M]
1.10 Die Erde im Laufe eines Tages 29
1.11 Die Entstehung der Jahreszeiten 30

2   Die menschliche Haut – Sonnenschutz 32
2.1 Richtiges Verhalten in der Sonne 32
2.2 Aufbau der Haut 34
2.3 Schutz vor zu viel Sonne 36

3   Temperatur und Wärme 38
3.1 Experimentieren als Weg der Naturwissenschaften 38 [M]
3.2 Empfinden und Messen von Temperaturen 40 [M]
3.3 Temperaturkurven darstellen und lesen 42 [M]
3.4 Temperaturkurven 44
3.5 Aus der Geschichte des Thermometers 45
3.6 Wärmequellen 46
3.7 Volumenänderung durch Temperaturänderung 48
3.8 Ausdehnung beim Erwärmen 50
3.9 Transport von Wärme – Strömung 52
3.10 Wärmeleitung 54
3.11 Erwärmen und Abkühlen 56
3.12 Warm oder kühl halten 58
3.13 Wärmestrahlung 60
3.14 Ein Haus gibt Wärme ab 62
Grundwissen: Wärme 64
Wiederholen, Üben, Anwenden, Vertiefen 66

Inhaltsverzeichnis

Bewegung – Fortbewegung

4	**Bewegung beim Menschen** 70
4.1	Skelett und Gelenke 70
4.2	Muskeln bewegen den Körper 74
4.3	Gelenk- und Haltungsschäden 76
4.4	Fit durch Bewegung 78

5	**Verkehrsmittel Fahrrad** 80
5.1	Gefahren auf nasser Fahrbahn 80
5.2	Geschwindigkeiten schätzen und vergleichen 82 M
5.3	Zusammenhang von Weg und Zeit 84
5.4	Der elektrische Stromkreis 86
5.5	Die Fahrradbeleuchtung 88

Grundwissen: Bewegung 90
Wiederholen, Üben, Anwenden, Vertiefen 92

Tiere und Pflanzen in unserer Umgebung

6	**Säugetiere in unserer Umgebung** 96
6.1	Ein Hund in der Familie 96
6.2	Hunde – Haustiere seit der Steinzeit 98
6.3	Katzen sind Einzelgänger 100
6.4	Beobachten und Beschreiben 102 M
6.5	Vergleichen 104 M
6.6	Pferde brauchen viel Bewegung 106
6.7	Das Rind – ein wichtiges Nutztier 108
6.8	Moderne Rinderhaltung 110

6.9 Milchproduktion und Milchverarbeitung 112
6.10 Im Schweinestall 114
6.11 Merkmale der Säugetiere 116

7 Pflanzen im Umfeld der Schule 118
7.1 Pflanzen und Tiere auf dem Schulgelände 119
7.2 Sehen, tasten, riechen – Steckbriefe von Pflanzen erstellen 121 M
7.3 Der Wegrain – ein Lebensraum im Umfeld der Schule 122
7.4 Kennübung: Bäume und Sträucher 123
7.5 Geschützte Pflanzen 126
7.6 Aufbau einer Blütenpflanze 127
7.7 Die Wurzel nimmt Wasser auf 129
7.8 Der Stängel – Stabilität und Wasserleitung 131
7.9 Das Laubblatt gibt Wasserdampf ab 132

8 Blütenbau und Bestäubung 134
8.1 Von der Kirschblüte zur Kirschfrucht 134
8.2 Früchte und Samen 136
8.3 Bestäubung durch Insekten und Wind 138
8.4 Keimung und Wachstum 140
8.5 So entsteht ein Blütendiagramm 142
8.6 Es gibt viele Nelkengewächse – Bestimmungsschlüssel 144
Grundwissen: Tiere und Pflanzen in unserer Umgebung 146
Wiederholen, Üben, Anwenden, Vertiefen 148

Stoffe im Alltag

9 Stoffe kennen – unterscheiden – trennen – verwerten 152
9.1 Stoffe kennen lernen 152
9.2 Stoffe untersuchen und ordnen 154 M
9.3 Gemische aus Stoffen trennen 158
9.4 Reinstoffe und Stoffgemische 160
9.5 Arbeiten in einem Projekt 162 M
9.6 Stoffe im Abfall verwerten 166
9.7 Kompost, das natürliche Recycling 168
9.8 Papier, Metall und Glas wieder verwerten 170
Grundwissen: Stoffe kennen – unterscheiden – trennen – verwerten 174
Wiederholen, Üben, Anwenden, Vertiefen 176
Stichwortverzeichnis 178
Lexikon 180
Bildquellenverzeichnis 182

Tipps und Hinweise

Achtung: ein **Warnsymbol**!

Tipps zum Experimentieren

1. Lies die Versuchsanleitung sorgfältig durch!
2. Stelle die Geräte und Chemikalien bereit!
3. Beachte die Reihenfolge bei der Versuchsdurchführung!
4. Sorge für einen sicheren Stand der Geräte und Gefäße!
5. Schutzbrille oder Schutzhandschuhe benutzen, wenn der Versuch es erfordert!
6. Ist etwas unklar, frage deine Lehrerin oder deinen Lehrer!

Umgang mit Chemikalien

1. Chemikalien nicht mit den Fingern anfassen oder probieren!
2. Chemikalien gehören nicht in Lebensmittelflaschen oder Trinkgefäße!
3. Benutze keine Gefäße ohne Aufschrift!
4. Verwende nur kleine Mengen!
5. Gebrauchte Stoffe gehören in Entsorgungsbehälter!
6. Beachte die Gefahrensymbole!

leicht entzündlich, hoch entzündlich

umweltgefährdend

explosionsgefährlich

brandfördernd

mindergiftig, reizend

giftig

ätzend

Umgang mit Tieren und Pflanzen

1. Pflege und halte Pflanzen und Tiere artgemäß! Das bedeutet, dass du ihre Lebensgewohnheiten und Lebensbedingungen in ihrer natürlichen Umwelt kennen musst.
2. Bringe keine Tiere mit in den Unterricht!
3. Experimente an Wirbeltieren sind verboten!
4. Informiere dich über geschützte Tiere und Pflanzen!
5. Beunruhige Tiere nicht auf Unterrichtsgängen und Wanderungen! Beachte besonders die Vorschriften in Schutzgebieten!
6. Auch Pflanzen sind ein Teil der Schöpfung. Zerstöre oder beschädige sie nicht mutwillig! Betritt nicht die Standorte geschützter Pflanzen!

Dieses Zeichen warnt vor **gefährlichen Hochspannungen**!

Versuche mit Elektrizität

1. Benutze nur Batterien oder Netzgeräte (Transformatoren) mit Spannungen bis 24 V!
2. Überprüfe jede Schaltung vor dem Einschalten!

Richtiger Umgang mit Wärmequellen

Erwärmen mit dem Tauchsieder
1. Stelle zuerst den Tauchsieder mit der Spirale vollständig in die Flüssigkeit!
2. Stecke danach den Stecker in die Steckdose!
3. Ist die Flüssigkeit erwärmt, ziehe den Stecker aus der Steckdose!

Erwärmen mit dem Brenner
1. Stelle den Brenner auf eine feuerfeste Unterlage!
2. Schließe vor dem Anzünden die Luftöffnung des Brenners!
3. Öffne langsam den Gashahn und entzünde das Gas!
4. Das Gas verbrennt mit leuchtender Flamme (gelb leuchtender Flamme).
5. Noch heißer wird die Flamme, wenn mit dem Stellring die Luftöffnung geöffnet wird. Das Gas verbrennt dann mit schwach leuchtender, aber rauschender Flamme. Diese Flamme wird zum Erhitzen benutzt.

Nach dem Erwärmen
1. Schließe zunächst die Luftöffnung und dann die Gaszufuhr!
2. Stelle den Brenner zur Seite!
3. Vorsicht! Erhitzte Teile können zu Verbrennungen führen.

1 Tauchsieder

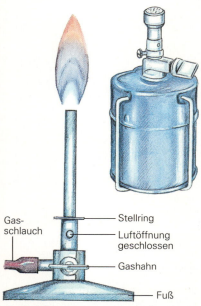

2 Gasbrenner

Lebensgrundlage Sonne

Von der Sonne bekommen wir Licht und Wärme. Ohne Sonne wäre es auf der Erde dunkel und sehr kalt. Für Pflanzen, Tiere und Menschen ist die Sonne lebenswichtig.

Bei uns wärmt die Sonne die Erde im Sommer mehr, im Winter weniger. Die Natur verändert sich im Verlauf von Sommer, Herbst, Winter und Frühling. Das kannst du an vielen Beispielen in der Umgebung deiner Schule beobachten.

Sicherlich hast du schon Erfahrungen mit der Sonne gemacht. Du fühlst dich wohl, wenn die Sonne scheint. Du schwitzt, wenn es sehr warm ist. Für deine Gesundheit in der Sonnenhitze kannst du etwas tun. Du solltest zum Beispiel deine Haut vor einem Sonnenbrand schützen.

Wärme hat Wirkungen auf Lebewesen und auf die unbelebte Natur. Was geschieht, wenn feste oder flüssige Stoffe erwärmt werden? Wie breitet sich Wärme aus? Mit Versuchen kannst du darüber einiges in Erfahrung bringen.

In der Technik wird das Wissen über Wärme genutzt. Ein Beispiel dafür ist die Heizung im Haus. Heute ist es möglich, Sonnenstrahlen auf dem Dach eines Hauses einzufangen und damit Wasser zu erwärmen oder Strom zu erzeugen.

1 Die Natur im Jahreslauf

1.1 Erfahrungen mit der Sonne

Die Sonne ist unsere Lebensgrundlage.

Die Sonne erwärmt das Land, das Wasser, die Luft und wärmt die Lebewesen.

Licht strahlt durch die Blätter im Wald.

Viele Völker verehrten die Sonne als göttliches Wesen. Für sie bedeutete Sonne Leben, Licht und Wärme. Finsternis bedeutete Unheil. Sie erklärten den Wechsel von Tag und Nacht als ständigen Kampf der Lichtgötter mit den Mächten der Finsternis. Einige Staaten, zum Beispiel Japan, haben die Sonne in ihrer Flagge dargestellt.

Pflanzen brauchen das Licht der Sonne zum Wachsen.

Wir fühlen uns wohler, wenn die Sonne scheint. Dann gibt es kein „Gesicht wie drei Tage Regenwetter". Bei strahlendem Sonnenschein kann man viel unternehmen. Strahlender Sonnenschein verlockt ins Schwimmbad zu gehen.

Sonnenfinsternis

Elektrizität kann aus Sonnenlicht erzeugt werden.

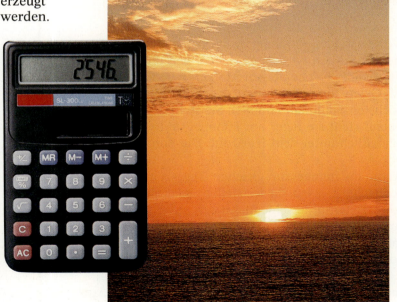

Das Licht der Sonne steht uns während eines Tages nicht gleichmäßig zur Verfügung.

Sonnenaufgang und Sonnenuntergang können besonders schöne Naturerscheinungen sein.

1 Lege dir eine Mappe zum Thema „Sonne und Natur im Jahreslauf" an.
Sammle zu diesem Thema Bilder, Fotos, Zeichnungen, Berichte, Geschichten und Gedichte.

2 Beschreibe, welche Erfahrungen du mit der Sonne hast.

3 Nenne Staaten, die die Sonne als Symbol in ihrer Flagge haben.

4 Suche dir ein Bild von diesen beiden Seiten oder ein anderes Bild zum Thema Sonne aus. Schreibe dazu eine kurze Geschichte.

1 Die Natur im Jahreslauf

1.2 Die Sonne im Jahreslauf

1 Sonnenaufgang im Frühling

2 Sonnenaufgang im Sommer

„Im Osten geht die Sonne auf, im Süden hält sie Mittagslauf, im Westen wird sie untergehn, im Norden ist sie nie zu sehn." Mit diesem Spruch wird beschrieben, wie uns die Sonne im Verlauf eines Tages erscheint. Am Morgen taucht sie über dem Horizont im Osten auf. Die Sonne geht auf. Mittags erreicht sie ihren höchsten Stand am Himmel. Sie steht dann genau im Süden. Am Abend steht sie tiefer am Himmel und verschwindet im Westen schließlich unter dem Horizont. Die Sonne ist untergegangen.

Wenn du immer zur gleichen Tageszeit den Stand der Sonne beobachtest, wirst du feststellen, dass sie in den verschiedenen Jahreszeiten unterschiedlich hoch steht. Im Winter geht sie spät auf und früh unter. Im Sommer hingegen geht sie früh auf und spät unter (Bild 1–4). Die Zeit zwischen Sonnenaufgang und Sonnenuntergang wird als **Tageslänge** bezeichnet.

Am 23. September sind Tag und Nacht gleich lang. Nach dem Kalender ist dann Herbstanfang. Die Tage werden danach kürzer und die Nächte immer länger. Es wird gleichzeitig kälter. Am 21. Dezember geht die Sonne spät auf und früh wieder unter. Sie steht mittags sehr niedrig am Himmel. Es ist der kürzeste Tag des Jahres. Es ist Winteranfang. Danach erscheint die Sonne immer früher über dem Horizont. Sie geht von Tag zu Tag später unter.

Datum	Sonnen-aufgang	Sonnen-untergang	Tages-länge
Frühlings-anfang 20.3.	6.30 Uhr	18.30 Uhr	12 Std.
Sommer-anfang 21.6.	4.20 Uhr	20.20 Uhr	?
Herbst-anfang 23.9.	6.10 Uhr	18.10 Uhr	?
Winter-anfang 21.12.	8.20 Uhr	16.20 Uhr	?

5 Sonnenaufgang und Sonnenuntergang in München

3 Sonnenaufgang im Herbst

4 Sonnenaufgang im Winter

Die Tage werden länger. Am 20. März ist Frühlingsanfang. Tag und Nacht sind gleich lang. Danach werden die Tage noch länger und die Nächte kürzer. Am 21. Juni ist der längste Tag und die kürzeste Nacht. Der Sommer beginnt. Je länger die Sonne scheint, desto stärker wird die Erde erwärmt.

Sommerzeit. Am letzten Sonntag im März werden die Uhren morgens um 2.00 Uhr um eine Stunde auf 3.00 Uhr vorgestellt. Dieser Tag ist deshalb nur 23 Stunden lang. Es gilt dann die Sommerzeit bis zum letzten Sonntag im Oktober. Durch diese Zeitumstellung nutzen wir das natürliche Licht der Sonne besser aus. Am letzten Sonntag im Oktober wird die Uhr um 3.00 Uhr morgens um eine Stunde zurückgestellt. Dieser Sonntag ist dann 25 Stunden lang.

Temperaturen zu verschiedenen Jahreszeiten. Wenn im Herbst die Tage kürzer werden und die Sonne nicht mehr so hoch am Himmel steht, wird es kälter (Bild 6). Die Wetterkundler in den Wetterstationen messen regelmäßig die Temperaturen und errechnen, wie warm es im Durchschnitt in den einzelnen Monaten ist. Die durchschnittlichen Temperaturen für München und Nürnberg sind in der Tabelle auf der folgenden Seite in Grad Celsius (° C) angegeben.

1 Rechne aus, wie viele Tage die einzelnen Jahreszeiten lang sind.

2 An welchen Tagen im Jahr sind Tag und Nacht gleich lang?

3 Ein Kalendertag hat immer 24 Stunden. Was ist damit gemeint, wenn man sagt, dass die Tage kürzer werden?

4 Übertrage die Tabelle (Bild 5) in dein Heft. Bestimme mithilfe der Angaben die Tageslänge am 21. Juni, 23. September und 21. Dezember. Trage die Ergebnisse in dein Heft ein.

1 Die Natur im Jahreslauf

6 Verschiedene Temperaturen in den Jahreszeiten verändern die Landschaft

Die Zeit zwischen Sonnenaufgang und Sonnenuntergang bezeichnet man als Tageslänge. Wenn die Tage im Frühjahr länger werden, wird es wärmer. Wenn die Tage im Herbst kürzer werden, wird es kälter. Auf Temperaturkurven kann man die Temperatur in den Jahreszeiten ablesen.

M

Wie liest du Temperaturwerte an einer Temperaturkurve ab?

Mit Temperaturkurven lassen sich Veränderungen der Temperaturwerte besser erkennen als mit einer Tabelle. Zur Darstellung einer Temperaturkurve wird ein Achsenkreuz gezeichnet. Auf der Rechtsachse sind in gleichen Abständen die Monate markiert. Auf der Hochachse sind die Temperaturen in Grad Celsius (°C) angegeben.

Du möchtest wissen, wie warm es durchschnittlich im September in München ist? Fahre mit dem Finger auf der Rechtsachse bis zum S für September. Fahre mit dem Finger senkrecht nach oben, bis du auf die rote Linie triffst. Fahre nun waagerecht zur Hochachse und lies die Temperatur ab.

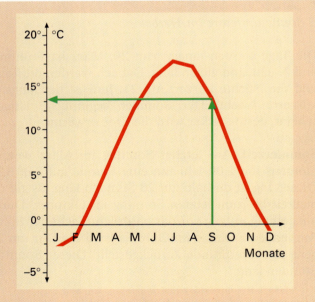

Durchschnittliche Temperaturen in °C

	Jan	Feb	März	April	Mai	Juni	Juli	Aug	Sep	Okt	Nov	Dez
München	−2,4	−1,2	3,0	7,6	12,2	15,4	17,2	16,6	13,3	7,8	2,9	−0,9
Nürnberg	−1,4	−0,4	3,7	8,2	13,0	16,5	18,0	17,3	13,8	8,4	3,7	0,0

Sammle die Ergebnisse deiner Beobachtungen in deiner Mappe „Sonne und Natur im Jahreslauf".

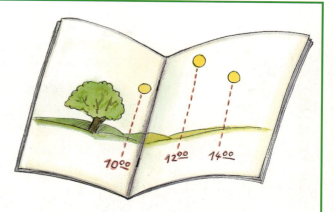

 Schaue auf keinen Fall mit einem Fernglas oder Fernrohr direkt in die Sonne! Das kann die Augen schädigen.

1. Die Sonne am Horizont
Beobachte an einem wolkenfreien Tag den Stand der Sonne. Schaue niemals direkt in die Sonne. Zeichne den Horizont mit einem auffälligen Merkmal, zum Beispiel einem Gebäude oder einem Baum. Beobachte in regelmäßigen Abständen, zum Beispiel im Abstand von zwei Stunden, den Stand der Sonne. Stelle dich dazu immer an den gleichen Ort und blicke in die gleiche Richtung. Trage jeweils den Sonnenstand mit Uhrzeit und Datum in die Skizze ein.
Beobachte den Stand der Sonne im Laufe des Jahres im monatlichen Abstand immer vom selben Standort aus und zur gleichen Tageszeit. Halte deine Beobachtungen durch Zeichnungen fest.

2. Fensterbild
Zeichne an einem Südfenster mit wasserlöslichem Stift wie in Aufgabe 1 den Horizont. Beobachte den Stand der Sonne während eines sonnigen Tages in regelmäßigen Abständen. Markiere mit einem Klebepunkt jeweils den Stand der Sonne. Schreibe die Uhrzeit und das Datum auf der Klebepunkt.
Wiederhole die Beobachtung im monatlichen Abstand immer von derselben Stelle. Vergleiche die Lage der Klebepunkte.

3. Einfache Sonnenuhr
Stecke einen Stock an einer Stelle in den Boden, wo er den Tag über nicht im Schatten steht. Wenn die Sonne scheint, wirft der Stock einen Schatten. Kennzeichne zu jeder vollen Stunde das Ende des Schattens, zum Beispiel mit einem Stein. Zu welcher Uhrzeit ist der Schatten am längsten und wann am kürzesten?

1 Die Natur im Jahreslauf

1.3 Tiere und Pflanzen im Herbst und Winter

Zitronenfalter

Amsel · Star

Rauchschwalbe

Zauneidechse

Herbst

Kohlweißling

Igel

Ringelnatter

Wiesel

Karpfen

Bänderschnecke

Regenwurm

Erdkröte

Marienkäfer

Zitronenfalter

Amsel

Star

Rauchschwalbe

Zauneidechse

Winter

Kohlweißling

Igel

Ringelnatter

Wiesel

Karpfen

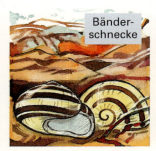
Bänderschnecke

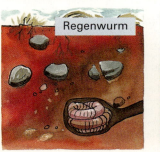
Regenwurm

Erdkröte

Marienkäfer

1 Die Natur im Jahreslauf

1.4 Langzeitbeobachtungen

1. Ordne die Bilder der Randspalten den Jahreszeiten zu.

2. Wähle eine Pflanze und ein Tier aus. Beobachte sie in verschiedenen Jahreszeiten. Lege in deiner Mappe eine Tabelle ähnlich wie auf dieser Seite an. Notiere die Veränderungen in deiner Tabelle. Ergänze deine Notizen durch Zeichnungen, Bilder oder Fotos.

3. Wähle ein Tier und eine Pflanze von Seite 16 aus. Vergleiche mithilfe der Bilder auf den Seiten 17, 20 und 21, wie sich ihr Aussehen und ihre Lebensweise im Laufe des Jahres ändern. Beschreibe die Veränderungen in den verschiedenen Jahreszeiten.

4. Gib mithilfe der Bilder auf Seite 16 und 17 an, welche Winterverstecke bestimmte Tiere im Herbst aufsuchen.

Bäume und Sträucher, zum Beispiel: Hasel, Apfelbaum, Stachelbeere, Holunder, Heckenrose, Eiche

Beobachtung	Datum
Blattknospen brechen auf	?
Aufbrechen der Blütenknospen	?
Reife Früchte	?

Krautige Pflanzen, zum Beispiel: Buschwindröschen, Tulpe, Löwenzahn, Hahnenfuß, Margerite, Erdbeere, Kornblume

Beobachtung	Datum
Spross aus dem Boden	?
Beginn der Blüte	?
Erste Früchte	?

Vögel, zum Beispiel: Rauchschwalbe, Star, Amsel

Beobachtung	Datum
Sammeln zum Abflug (Zugvögel)	?
Rückkehr aus dem Süden (Zugvögel)	?
Beginn des Nestbaues	?
Brüten	?
Junge verlassen das Nest	?

Beobachtungen im Herbst:
1. Wann beginnt die Ernte von Birnen und Äpfeln und anderem Obst?
2. Wann sind die Früchte von Kastanie und Holunder reif?
3. Beobachte die Blattverfärbung eines Laubbaumes in der Umgebung der Schule. Bestimme den Namen des Baumes. Beschreibe die Veränderungen. Notiere dazu den Namen des Baumes und das Datum.

Beobachtungen im Winter:
4. Welche Tiere siehst du im Winter bei uns? Beschreibe, wie sie sich verhalten, was sie tun.
5. Welche Tiere kommen im Winter in deiner Heimat vor, die in den anderen Jahreszeiten nicht da sind?
6. Welche Vögel kannst du am Futterhäuschen beobachten?

Beobachtungen im Frühling:
7. Stelle einen Zweig der Rosskastanie mit noch geschlossenen Knospen in ein Gefäß mit Wasser. Notiere täglich die Veränderungen in einer Tabelle.
8. Notiere, wann bestimmte Pflanzen zu blühen beginnen.

Beobachtungen im Sommer:
9. Beobachte Bienen und Hummeln beim Blütenbesuch auf einer Wiese.
10. Wann beginnt die Heuernte?

1 Die Natur im Jahreslauf

1.5 Tiere und Pflanzen im Frühling und Sommer

Zitronenfalter

Amsel

Star

Rauchschwalbe

Zauneidechse

Frühling

Kohlweißling

Ringelnatter

Karpfen

Igel / Wiesel

Bänderschnecke / Regenwurm

Erdkröte

Marienkäfer

 Zitronenfalter
 Amsel
 Star
 Rauchschwalbe
 Zauneidechse
 Sommer
 Kohlweißling
 Igel
 Ringelnatter
 Wiesel
 Karpfen
 Bänderschnecke
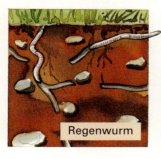 Regenwurm
 Erdkröte
 Marienkäfer

1 Die Natur im Jahreslauf

1.6 Das Igeljahr

1 Junger Igel

2 Neugeborene Igeljungen

Umgebungstemperatur: 18 °C
Körpertemperatur: 35 °C
Herzschläge pro Minute: 320

15. September

Umgebungstemperatur: 8 °C
Körpertemperatur: 9 °C
Herzschläge pro Minute: 56

15. Oktober

Der Igel baut sein Nest in Gärten, Parks oder an Waldrändern. Dort schläft er am Tage. Gegen Abend geht er auf Nahrungssuche und frisst Insekten, Würmer, Schnecken und Mäuse. Den ganzen Sommer und Herbst über frisst sich der Igel eine dicke Speckschicht an. Im Spätherbst findet er nur noch wenig Nahrung. Die Tage werden kürzer und kälter. Dann sucht er sich ein trockenes Nest unter Laub, Gräsern oder Moos, wo er vor Kälte und Nässe geschützt ist. Sinkt die Temperatur in der Umgebung nachts mehrfach auf 10 °C oder darunter, bleibt der Igel in seinem Nest und beginnt seinen **Winterschlaf.** Er rollt sich zu einer Kugel zusammen (Bild 3). Er atmet nur noch wenige Male in der Minute und sein Herz schlägt langsamer. Die Körpertemperatur ist bei Igeln im Winterschlaf niedriger als sonst.

Wenn es aber so kalt ist, dass die Temperatur in seinem Nest unter 1 °C absinkt, fängt er an zu zittern. Seine Atmung und sein Herzschlag werden schneller. Seine Körpertemperatur steigt. Er wacht auf. Er sucht dann einen besser geschützten Schlafplatz auf. Da er aber in dieser Jahreszeit keine Nahrung findet, muss er von seinem Fettpolster zehren. Wenn er im Winter zu häufig aufwacht, verbraucht er so viel Fett von seinem Fettpolster, dass er sterben kann.

Umgebungstemperatur: **0 °C**
Körpertemperatur: **24 °C**
Herzschläge pro Minute: **124**

Umgebungstemperatur: **2 °C**
Körpertemperatur: **5 °C**
Herzschläge pro Minute: **19**

Umgebungstemperatur: **9 °C**
Körpertemperatur: **10 °C**
Herzschläge pro Minute: **56**

Im Frühling, wenn in seinem Nest die Temperatur wieder auf etwa 15 °C steigt, erwacht er. Er ist inzwischen recht mager geworden. Hungrig läuft er umher und sucht Schnecken, Insekten und Regenwürmer.

Im Mai oder Juni bringen die Igelweibchen fünf bis sieben Junge zur Welt (Bild 1, 2). Nach etwa drei Wochen verlassen die Jungen das Nest. Jetzt gibt es genügend Nahrung, sodass die Igel wieder an Gewicht zunehmen. Manchmal bekommen Igel im September oder Oktober noch ein zweites Mal Junge. Für diese jungen Igel ist die Zeit knapp, sich ein ausreichendes Fettpolster anzulegen.

Umgebungstemperatur: **15 °C**
Körpertemperatur: **35 °C**
Herzschläge pro Minute: **282**

> Wenn im Winter die Temperatur niedrig ist, hält der Igel Winterschlaf. Wenn die Temperatur der Umgebung im Frühjahr höher wird, erwacht er.

1 Die Bilder geben die Umgebungstemperatur und die Körpertemperatur eines Igels von September bis März an. Übertrage die Tabelle in dein Heft und trage das Datum, die Temperaturen und die Herzschläge aus den Bildern ein. Erstelle mit den Temperaturwerten ein Balkendiagramm.

3 Igel im Winterschlaf

	15.9	15.10
Temperatur der Umgebung	?	?
Körpertemperatur	?	?
Herzschläge pro Minute	?	?

1 Die Natur im Jahreslauf

1.7 Die Kartoffelpflanze im Jahreslauf

1 Kartoffelpflanze

2 Kartoffelpflanze: Blüten, Früchte und Kartoffelknollen

Die Kartoffelpflanze ist seit dem 16. Jahrhundert für uns ein wichtiges Grundnahrungsmittel. Spanische Seefahrer brachten damals die ersten Kartoffeln aus dem Hochland von Peru in Südamerika mit nach Europa. Kartoffeln sind sehr nahrhaft und enthalten viele Vitamine. Zum Verzehr sind nicht die Früchte, sondern nur die unterirdisch wachsenden Sprossteile geeignet.

1 Pflanze Kartoffeln im Schulgarten aus. Beobachte eine Kartoffelpflanze in regelmäßigen Abständen. Beobachte z. B. Austrieb, Zahl der Blätter, Größe. Fertige einen Beobachtungsbogen für diese Pflanze in der Jahresfolge vom Auslegen bis zur Ernte an.
Trage das jeweilige Datum mit den Beobachtungen ein.

Anbau. Wenn es im Frühjahr wärmer wird und kein Bodenfrost mehr droht, werden die Kartoffelknollen in flachen Furchen ausgelegt und mit Erde bedeckt. Schon nach kurzer Zeit keimen die Knollen im warmen Boden, Sprossachsen durchbrechen die Erde und bilden Blätter aus (Bild 2, 3). Unter der Erde bilden sich Ausläufer. Die Enden dieser unterirdischen Sprossachsen verdicken sich zu Knollen. Daraus bilden sich die neuen Kartoffeln. Damit die Pflanze möglichst viele neue Kartoffeln bilden kann, bedeckt man sie mit Erde (Bild 1). Man sagt, die Kartoffelpflanze wird angehäufelt.

Wachstum und Blüte. Im Sommer blühen die Kartoffelpflanzen. Aus den weißen Blüten entwickeln sich kleine grüne, tomatenähnliche Früchte, die wie alle grünen Teile der Kartoffelpflanzen sehr giftig sind (Bild 2). An vielen Blättern können wir Fraßspuren erkennen. Diese stammen von Larven der gelbschwarz gestreiften Kartoffelkäfer, die großen Schaden an den Pflanzen anrichten können.

Ernte. Schon im Juni können die frühen Kartoffelsorten geerntet werden. Unter der Erde sind dann die im Frühjahr ausgelegten Kartoffelknollen schlaff und schrumpelig geworden, während sich viele feste, gelbbraune Kartoffelknollen gebildet haben (Bild 2). Diese neuen Kartoffeln sind ein genaues Abbild der ausgelegten Kartoffel. Bei dieser Vermehrung sind keine Blüten nötig. Man nennt diese Art der Vermehrung daher **ungeschlechtliche Vermehrung**.

Die Haupterntezeit ist im Herbst. Auf größeren Feldern werden die Kartoffeln dann maschinell ausgegraben und von welken Pflanzenteilen sowie von Erde getrennt. Nach der Ernte müssen die Kartoffeln trocken, dunkel und frostfrei gelagert werden, damit sie nicht keimen oder verderben.

| Die Kartoffel ist ein wichtiges Grundnahrungsmittel. Sie vermehrt sich durch Knollen, die man essen kann.

2 Kartoffeln keimen nicht so schnell, wenn sie dunkel und kühl gelagert werden. Plane einen Versuch, der diese Aussage bestätigt. Fertige eine Beschreibung an.
Führe den Versuch danach aus.

3 In Bild 4 ist die Kartoffelpflanze im Jahreslauf dargestellt. Ordne die Einzelbilder nach ihrer natürlichen Reihenfolge.

3 Keimende Kartoffel

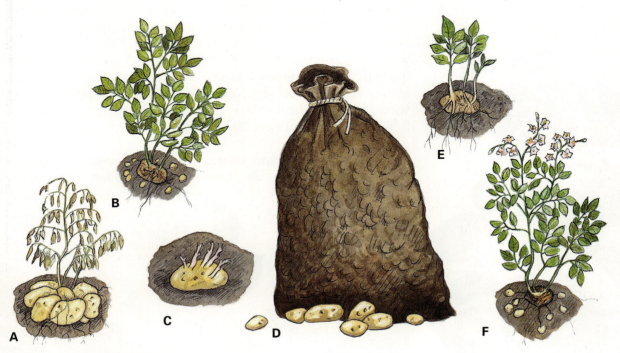

4 Das Jahr der Kartoffel

1 Die Natur im Jahreslauf

1.8 Der Kalender der Natur

Aus den Beobachtungen der Natur über viele Jahre hinweg weiß man, dass sich die Knospen oder die Blüten der Pflanzen nicht in jedem Jahr zur gleichen Zeit öffnen. So können Rosskastanien in einem Jahr bereits Ende April blühen, während sie in anderen Jahren erst Mitte oder Ende Mai blühen. Das hängt im Wesentlichen von der Temperatur ab.

Im Frühjahr steht die Sonne höher und die Tage werden länger. Es wird wärmer. Einige Pflanzen blühen sehr früh, man nennt sie **Frühblüher**. Dazu gehören Buschwindröschen, Scharbockskraut und Krokusse. Die Knospen der Kastanie fangen an zu treiben. Sie werden dicker. Die Blätter und rosa oder weiße Blüten entfalten sich. Wenn die Apfelbäume und Rosskastanienbäume blühen, hat der Frühling in der Natur begonnen.

Der Sommer ist die Jahreszeit mit den höchsten Temperaturen. Dann wachsen aus den Blüten der Rosskastanie die Früchte heran. Unter der stacheligen Hülle der Früchte reifen ein oder mehrere Samen.

Ein Anzeichen für den Herbstbeginn in der Natur ist die gelbe Laubfärbung des Kastanienbaumes. Wenn seine Früchte fallen, der Igel sein Winterquartier aufsucht und die Stare sich zum Vogelzug nach Süden sammeln, beginnt in der Natur der Herbst. In manchen Jahren kann es noch lange nach dem 23. September (Herbstbeginn nach dem Kalender) sommerlich warm sein, sodass für die Pflanzen und Tiere der Herbst erst später als am 23. September beginnt. Der Herbst im Kalender der Natur endet, wenn die Laubbäume ihre Blätter abgeworfen haben. Der Winter beginnt. An den kahlen Zweigen der Rosskastanie erkennt man kleine Verdickungen, die Knospen. Die Tage werden kürzer, es wird kälter. Wenn die Temperatur längere Zeit unter 5 °C bleibt, wachsen viele Pflanzen nicht mehr.

> Die Entwicklung von Pflanzen und das Verhalten mancher Tiere wird durch die Temperaturen in den Jahreszeiten bestimmt.

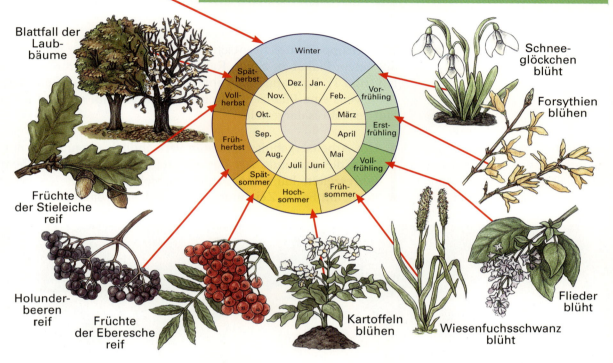

- Der **Vorfrühling** beginnt, wenn die Schneeglöckchen blühen und die Kätzchen der Haselsträucher stäuben.
- Das Aufbrechen der Stachelbeerknospen und das Blühen der Forsythien ist ein sicheres Zeichen für den Anfang des **Erstfrühlings**.
- Mit der Apfel- und Fliederblüte hält der **Vollfrühling** seinen Einzug.

- Der **Frühherbst** beginnt, wenn die Holunderbeeren reifen.
- Wenn die Rosskastanien, Eicheln, Bucheckern und Walnüsse reifen, dann hält der **Vollherbst** seinen Einzug.
- Der **Spätherbst** beginnt, sobald die wild wachsenden Bäume ihr Laub abwerfen.

- Mit dem Blühbeginn der Gräser (z.B. Wiesenfuchsschwanz) setzt der **Frühsommer** ein.
- Wenn die Linden und Kartoffeln blühen und im Garten die Johannisbeeren reifen, dann kommt der **Hochsommer.**
- Im **Spätsommer** sind Frühäpfel reif, ebenso die Früchte der Eberesche.

1 Ein Kalender der Natur

1 Der Kalender der Natur ist nicht überall gleich, sondern kann von Region zu Region verschieden sein. Erstellt nach den Angaben im Text und im Bild auf dieser Seite einen Kalender der Natur für eure Heimatregion. Besprecht den Zeitraum, den ihr beobachten wollt, mit eurer Lehrerin oder eurem Lehrer.

1 Die Natur im Jahreslauf

1.9 Ergebnisse werden dargestellt

Während des ganzen Schuljahres haben die Schülerinnen und Schüler der fünften Klasse Pflanzen und Tiere beobachtet. Sie haben ihre Beobachtungen in einer Mappe „Sonne und Natur im Jahreslauf" notiert und mit Skizzen, Zeichnungen, Fotos, Bildern, Zeitungsberichten und Tabellen versehen. Am Ende des Schuljahres wollen sie diese Mappen ausstellen und ihren Mitschülern und Mitschülerinnen über ihre Ergebnisse berichten. Dazu bereiten sie einige Plakate vor.

Eine Gruppe hat sich entschlossen, ihre Ergebnisse gemeinsam auf einem Plakat zu einem Kalender der Natur zusammenzustellen (Bild 1). Eine andere Gruppe hat auf mehreren großen Bögen für jeweils eine Pflanze oder ein Tier die Veränderungen im Verlauf des Jahres dargestellt.

1 Beschreibe mithilfe von Abschnitt 1.8 die Veränderungen der Rosskastanie im Laufe eines Jahres. Ergänze die Beschreibung durch die Angaben aus Bild 1.

Um Arbeitsergebnisse anderen verständlich mitzuteilen, muss man die passende Art der Darstellung wählen. Das Thema Jahreszeiten kann man zum Beispiel mit einem Naturtagebuch, mit Fotos, Zeichnungen und Tabellen darstellen.

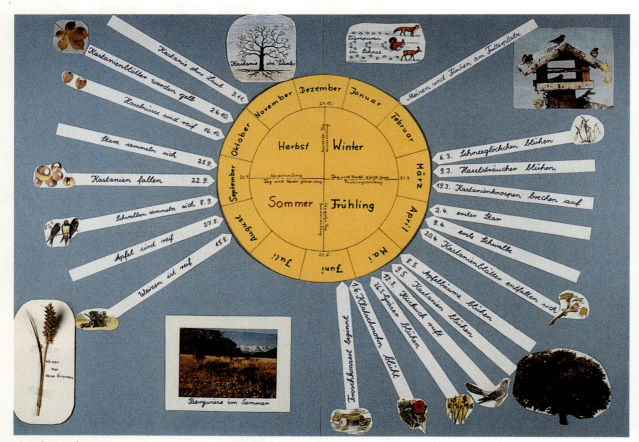

1 Jahresuhr

1.10 Die Erde im Laufe eines Tages

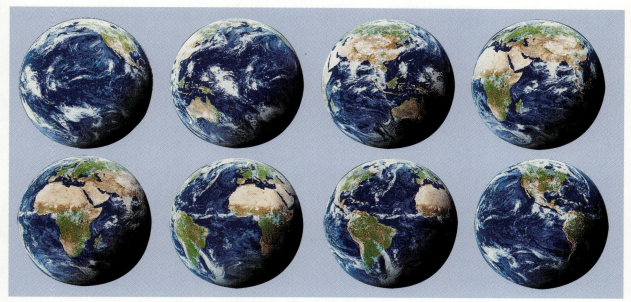

1 Wechsel von Tag und Nacht durch die Drehung der Erde

Tag und Nacht. Wenn du den Lauf der Sonne während eines Tages verfolgst, sieht es aus, als ob sich die Sonne ständig bewegt. Das ist aber nicht so. Uns kommt das nur so vor. Die Erde bewegt sich. Der scheinbare Lauf der Sonne entsteht durch die Drehung der Erde um sich selbst (Bild 1). Eine Erdumdrehung dauert 24 Stunden. Bei dieser Drehung wird immer der Teil der Erde von der Sonne angestrahlt, der der Sonne zugewandt ist. Dort ist es dann Tag. Der andere Teil der Erde ist im Dunkeln. Dort ist es dann Nacht.

> Die Erde dreht sich um sich selbst. Auf dem der Sonne zugewandten Teil der Erde ist es heller Tag. Auf dem der Sonne abgewandten Teil ist es dunkle Nacht.

1. Entstehung von Tag und Nacht

Stelle in einem verdunkelten Raum mit einem Globus und einer fest stehenden Lichtquelle (Taschenlampe, Diaprojektor) die Entstehung von Tag und Nacht dar. Kennzeichne den Standort München, zum Beispiel mit einem Klebepunkt. Stelle den Globus so, dass in München Mittag ist. Beschreibe, wie der Globus stehen müsste, wenn es in München Nacht wäre.

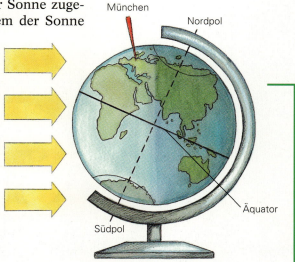

1 Die Natur im Jahreslauf

1.11 Die Entstehung der Jahreszeiten

V

1. Bewegung der Erde um die Sonne

Stelle mit einem Globus und einer Lampe die Bahn der Erde um die Sonne nach. Stelle den Globus so auf, wie die Erde am 21. Juni zur Sonne geneigt ist.

Drehe anschließend den Globus so, dass München im direkten Licht der Lampe liegt. Bewege dich mit dem Globus so um die Lampe herum, als wäre die Erde ein Jahr um die Sonne gewandert. Verändere dabei nicht die Stellung der Erdachse. Vergleiche den Stand am 21. Juni mit dem Stand am 21. Dezember.

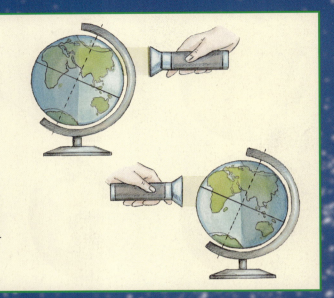

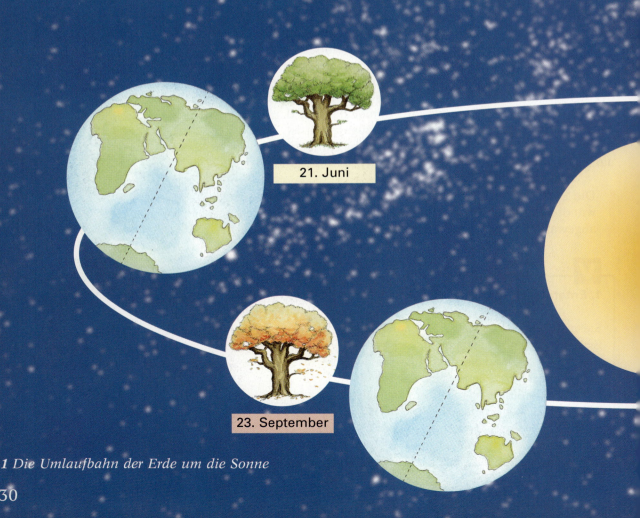

1 Die Umlaufbahn der Erde um die Sonne

Im Laufe eines Jahres wandert die Erde einmal um die Sonne (Bild 1). Dabei steht die Erdachse schräg. Auf ihrer Bahn um die Sonne behält die Erde diese Neigung bei. Dadurch ändert sich die Beleuchtung der Erde durch die Sonne im Verlauf eines Jahres. Während des Sommers ist die nördliche Erdhälfte mehr der Sonne zugeneigt als im Winter. Einem Beobachter erscheint die Sonne dann hoch am Himmel. Die Tage sind länger als im Winter. Die Sonneneinstrahlung ist dann besonders intensiv.

Im Winter ist die nördliche Erdhälfte von der Sonne weggeneigt. Die Sonne erscheint dann nicht so hoch am Himmel. Die Tage sind kürzer als im Sommer. Die Strahlen treffen recht flach auf die Erde auf. Das Licht verteilt sich auf eine größere Fläche. Die Erwärmung ist geringer als im Sommer.

> Wenn sich die Erde um die Sonne bewegt, ist die nördliche Halbkugel ein halbes Jahr der Sonne mehr zugeneigt und ein halbes Jahr mehr weggeneigt. Dadurch erwärmt sie sich unterschiedlich. Das verursacht die Jahreszeiten.

1 In welcher Zeit ist die Nordhalbkugel der Erde der Sonne zugeneigt? Welche Jahreszeiten sind dann dort? Überlege, welche Jahreszeiten dann jeweils auf der Südhalbkugel herrschen.

2 Warum wird die Nordhalbkugel im Juli stärker erwärmt als im Januar?

3 In welche Richtung erfolgt der Umlauf der Erde um die Sonne (Bild 1)?

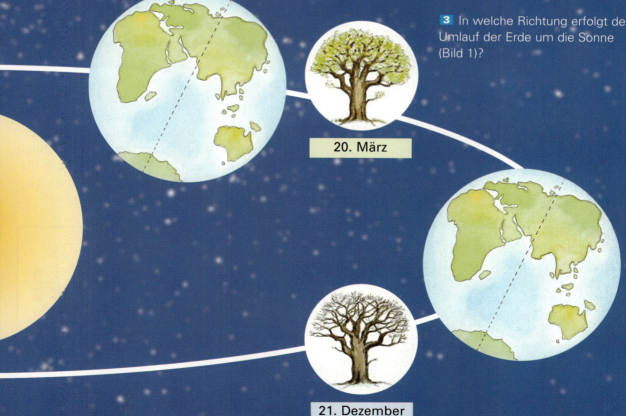

20. März

21. Dezember

2 Die menschliche Haut – Sonnenschutz

2.1 Richtiges Verhalten in der Sonne

1 Betrachte Bild 1. Welche Stimmung löst das Bild bei dir aus? Wie wäre deine Stimmung, wenn in Bild 1 die Sonne nicht schiene, der Himmel wolkenverhangen wäre und es regnen würde?

1 Wandern bei Sonnenschein

Viele Menschen halten sich gerne im Freien auf und wollen die Sonne genießen (Bild 1). Die meisten Menschen haben an einem sonnigen Tag eine bessere Stimmung und werden nicht so schnell müde wie an einem trüben, regnerischen Tag. Sonnenschein fördert das Wohlbefinden. Die Sonne wärmt den Körper und trägt dazu bei, dass Haut und Muskeln besser durchblutet werden.

V

1. Abkühlung durch Verdunsten von Wasser

Befestige ein Thermometer (mit genauer Grad-Einteilung) wie abgebildet an einem Stativ. Umwickle den unteren Teil des Thermometers mit Watte, die du mit Bindfaden lose umschnürst. Warte fünf Minuten und lies dann die Temperatur ab. Das ist der Ausgangswert der Temperatur. Durchtränke anschließend die Watte mit Wasser aus einer Spritzflasche. Das Wasser soll Zimmertemperatur haben. Lies alle zwei Minuten, insgesamt 20 Minuten lang, die Temperatur ab. Notiere die einzelnen Messwerte in einem Versuchsprotokoll. Werte die Ergebnisse aus.

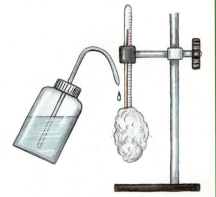

2 *Schweiß auf der Stirn*

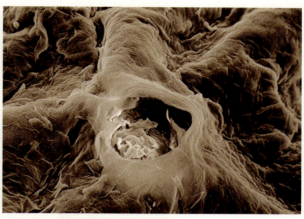
3 *Schweißpore, stark vergrößert*

Wenn es sehr warm ist, schwitzt man. Auf die Haut treten Schweißperlen (Bild 2). Der **Schweiß** wird in der Haut gebildet. Durch kleine Öffnungen, die Schweißporen, tritt er auf die Oberfläche der Haut (Bild 3). Schweiß besteht vor allem aus Wasser. Auf der Haut verdunstet das Wasser und entzieht der Haut Wärme. Dadurch wird die Haut kühler. Schwitzen bringt **Abkühlung**. Diese Abkühlung trägt dazu bei, dass sich der Körper nicht überhitzt, wenn es sehr warm ist.

Gefahren für Gesundheit und Wohlbefinden können immer dann auftreten, wenn die ungeschützte Haut übermäßig stark der Sonne ausgesetzt wird. Ein **Sonnenbrand** ist die häufigste Folge, wenn die Haut zu viel Sonne abbekommt. Schon wenige Stunden nach einem übermäßigen Sonnenbad spannt sich die Haut und rötet sich. Einige Tage nach dem Sonnenbrand werden Teile der geschädigten Haut abgestoßen. Die Haut schuppt sich. Wenn zu viel Sonnenstrahlen auf den ungeschützten Kopf und Nacken einwirken, kann es zu einem **Sonnenstich** kommen. Heftige Kopfschmerzen, Übelkeit, Fieber, Ohrensausen und Schwindel können bei einem Sonnenstich auftreten.

In der Sommerhitze sollte man vor allem reichlich trinken. Besonders geeignet sind Mineralwässer und Früchtetees. Lockere Kleidung aus Naturmaterial engen den Körper nicht ein und saugen Schweiß auf. Man sollte nicht in die pralle Sonne gehen und sich mit Kleidung, Hüten und geeigneten Sonnenschutzmitteln schützen. Außerdem sollten schwere körperliche Anstrengungen bei großer Hitze vermieden werden.

> Die Sonne fördert das Wohlbefinden. Schwitzen bringt Abkühlung. Sonnenbrand und Sonnenstich können auftreten, wenn man sich ungeschützt übermäßig lange starker Sonneneinstrahlung aussetzt.

2 Schreibe Tipps auf für das richtige Verhalten in der Sonne, zum Beispiel enge Kleidung vermeiden.

3 Stelle dir vor, du bist in den Alpen im Urlaub (Bild 1). Was kannst du tun, um einen Sonnenbrand zu verhindern?

4 Wenn jemand einen Sonnenstich bekommen hat, muss er sofort in den Schatten gebracht werden. Auf seinen Kopf sollen nasse Tücher gelegt werden. Begründe, warum nasse Tücher in diesem Fall helfen.

2 Die menschliche Haut – Sonnenschutz

2.2 Aufbau der Haut

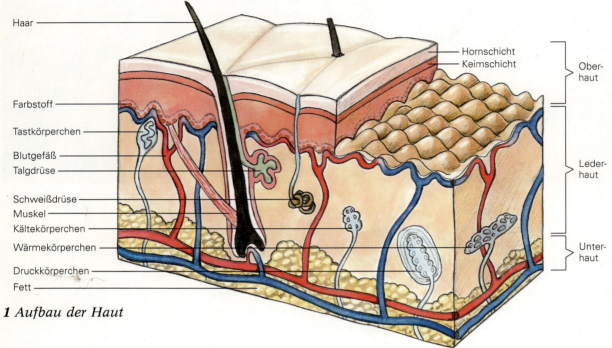

1 Aufbau der Haut

1 In manchen Bemerkungen über einen Menschen taucht der Begriff „Haut" auf. Beschreibe, was mit den folgenden Bemerkungen gemeint ist. „Ich könnte aus der Haut fahren."
„Der hat aber eine dünne Haut."
„Sie kann nicht aus ihrer Haut heraus."
„Er fühlt sich wohl in seiner Haut."
„Ich werde nicht meine Haut zu Markte tragen."
„Sie ist mit Haut und Haaren verliebt."
„Ich möchte nicht in seiner Haut stecken."

2 Beschreibe den Aufbau der Haut (Bild 1).

Die Haut ist die äußere Hülle unseres Körpers. Sie ist eine Schranke zwischen innen und außen. Von außen wirken zum Beispiel Hitze, Kälte, Nässe, Trockenheit, Druck, Sonnenstrahlen und Luft auf die Haut eines Menschen ein.

Die Haut des Menschen ist einige Millimeter dick. Von außen nach innen folgen die Oberhaut, die Lederhaut und die Unterhaut aufeinander (Bild 1). Die **Oberhaut** ist ungefähr so dick wie eine Buchseite. Nach einer langen Wanderung kannst du Blasen an den Füßen bekommen. In solch einer Blase hat sich die Oberhaut von den darunter liegenden Hautschichten gelöst. Die Oberhaut wird in Keimschicht und Hornschicht unterteilt. Aus der Keimschicht wird die darüber liegende Hornschicht beständig erneuert. Die neuen Hautteile schieben die älteren an die Oberfläche. Dort sterben sie ab und verhornen zu Schuppen. In der Keimschicht wird auch der Hautfarbstoff gebildet. Je mehr **Hautfarbstoff** vorhanden ist, desto dunkler ist die Haut. Sonnenlicht regt die Bildung des Hautfarbstoffes an. Die Haut wird braun.

Die elastische **Lederhaut** ist die dickste Schicht der Haut. Aus der Lederhaut bestimmter Tiere wird durch Gerben Leder hergestellt. Daher hat die Lederhaut ihren Namen. In der Lederhaut liegen Talg- und Schweißdrüsen (Bild 1). Die Haare sind in der Lederhaut verankert. Die **Unterhaut** enthält Fett, das wie ein Polster wirkt und darunter liegende Organe schützt. Lederhaut und Unterhaut sind stark durchblutet.

In der Haut befinden sich **Sinneskörperchen**. Mit ihrer Hilfe können wir einen Gegenstand ertasten und Druck fühlen. Wir können wahrnehmen, ob es warm oder kalt ist, und Schmerz bei Verletzungen der Haut fühlen. Menschen, die ihr Sehvermögen verloren haben, können mit den Fingerspitzen die Blindenschrift tasten und lesen.

Die gesunde Haut **schützt** den Körper auf vielfältige Weise:
– Die widerstandsfähige Hornschicht und die elastische Lederhaut schützen vor **Verletzungen**.
– Schweiß und Talg bilden auf der Oberfläche einen Schutzfilm, der die Haut vor dem **Austrocknen** schützt.
– Bei Kälte schützt die Haut den Körper vor **Abkühlung**. Wenn es kalt ist, verengen sich die Blutgefäße in der Haut. Dann fließt weniger Blut durch die Haut. Da mit dem Blut auch Wärme transportiert wird, gibt der Körper dann weniger Wärme durch die Haut ab (Bild 2).
– Vor **Überhitzung** schützt die Haut durch Abgabe von Schweiß und verstärkte Durchblutung. Schweiß bringt durch Verdunsten von Wasser Abkühlung. Wenn bei Wärme die Blutgefäße der Haut erweitert sind, fließt mehr Blut durch die Haut. Das Blut kühlt sich ein wenig ab. So wird verhindert, dass die Körpertemperatur ansteigt (Bild 2).
– Die gesunde Haut ist eine **Schranke** für manche Schadstoffe und Krankheitserreger. Sie können nicht durch die Haut in den Körper eindringen.

> Die Haut wird von außen nach innen in Oberhaut, Lederhaut und Unterhaut eingeteilt. Mit Sinneskörperchen in der Haut können wir Druck, Temperaturen und Schmerzen fühlen. Die Haut schützt vor Verletzungen, Austrocknen, Abkühlung, Überhitzung und manchen Krankheitserregern.

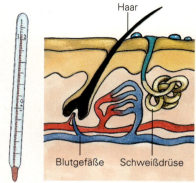
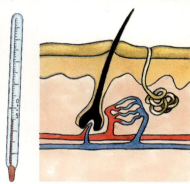

2 Haut bei Hitze und Kälte

3 Beschreibe, wie die Haut einer Überhitzung des Körpers entgegenwirkt (Bild 2).

4 Die Haut schützt den Körper auf vielfältige Weise. Nenne mindestens drei Beispiele dafür.

1. Eine Hand in einer Plastiktüte
Nimm eine trockene, durchsichtige Plastiktüte und umhülle damit eine Hand. Beobachte die Veränderungen in der Plastiktüte sechs Minuten lang. Beschreibe und erkläre deine Beobachtungen.

2. Hände in warmem und kaltem Wasser
Besorge dir zwei Gefäße, die so groß sind, dass du bequem deine Hände hineinhalten kannst. Gib in das eine Gefäß kaltes, in das andere Gefäß warmes Wasser. Stelle die beiden Gefäße nebeneinander. Halte die eine Hand in das Gefäß mit kaltem Wasser, die andere Hand in das Gefäß mit warmem Wasser. Nimm beide Hände nach drei Minuten aus dem Wasser heraus. Betrachte das Aussehen beider Hände. Beschreibe die Unterschiede. Erkläre die Unterschiede.

2.3 Schutz vor zu viel Sonne

1 *Richtiges Verhalten in der Sonne*

Wenn regelmäßig Sonnenstrahlen auf die sonnenungewöhnte Haut treffen, wird innerhalb einiger Tage mehr brauner Hautfarbstoff gebildet. Außerdem wird die Hornschicht der Haut allmählich dicker. Beide Vorgänge dienen dem **natürlichen Schutz** der Haut vor zu viel Sonnenstrahlen. Die Braunfärbung und die verdickte Hornschicht sorgen dafür, dass nicht übermäßig viele Sonnenstrahlen tiefer in die Haut eindringen und sie schädigen können.

Manche Menschen wünschen sich eine braune Haut. Sie glauben dies durch ausgedehnte Sonnenbäder möglichst schnell zu erreichen. Hautärzte warnen vor solch einem Verhalten. Wer dennoch nicht auf eine Bräunung der Haut oder einen längeren Aufenthalt in der Sonne verzichten will, sollte die Haut in kleinen Schritten an die Sonne gewöhnen.

Wenn zu viel Sonne auf die Haut trifft, kann die Haut geschädigt werden. Das ist bei einem Sonnenbrand der Fall. Ein **Sonnenbrand** ist immer eine Alarmreaktion des Körpers. Einige Tage nach dem Sonnenbrand schuppt sich die Haut. Dadurch werden Teile der geschädigten Haut abgestoßen.

Wer sich häufig ohne hinreichenden Schutz zu vielen Sonnenstrahlen aussetzt, erhöht das Risiko für langfristige Folgen: Dazu gehört die frühzeitige Alterung der Haut. Wer sich mehrfach einen Sonnenbrand holt, erhöht die Gefahr, viele Jahre später Hautkrebs zu bekommen. Man sollte Sonnenbrand daher vermeiden. Hautkrebs ist eine lebensbedrohende Erkrankung. Wenn Hautkrebs frühzeitig entdeckt wird, ist er heilbar.

Hauttyp		Merkmale	Hautreaktion	Unschädliche Verweildauer in der Sonne
	I	sehr helle Haut, rötliche Sommersprossen, rote Haare	sehr empfindlich, hohe Neigung zum Sonnenbrand, keine Bräunung	7 Minuten pro Tag
	II	helle Haut, blonde Haare	rasch Sonnenbrand, schwache Bräunung	14 Minuten pro Tag
	III	mäßig helle Haut, dunkle, hellbraune oder dunkelblonde Haare	selten Sonnenbrand, gute Bräunung	23 Minuten pro Tag
	IV	Dunkle Haut, dunkle Haare	kaum Sonnenbrand, tiefe Bräunung	34 Minuten pro Tag

2 Hauttypen und Wirkung von Sonne

Ob jemand schnell einen Sonnenbrand bekommt oder nicht, hängt auch davon ab, wie hell oder dunkel die Haut normalerweise ist. Ein Mensch mit heller Haut bekommt schon nach kurzem Aufenthalt in der Sonne einen Sonnenbrand. Wer eine dunkle Haut mit viel Hautfarbstoff hat, kann sich länger in der Sonne aufhalten, ohne einen Sonnenbrand zu bekommen. Man teilt die Haut nach ihrer Färbung in Typen ein (Bild 2). In der rechten Spalte von Bild 2 ist angegeben, wie lange sich ein Mensch mit dem jeweiligen Hauttyp in der Sonne aufhalten kann. Diese Angaben beziehen sich auf die ungeschützte Haut ohne vorherige Bräunung bei höchstem Sonnenstand (etwa Mitte Juni, 12 Uhr) und klarem Himmel in der Umgebung von München. Im Hochgebirge und am Meer ist die Wirkung der Sonne viel stärker. Das muss man berücksichtigen, wenn man dort Urlaub macht.

Im Handel werden **Sonnenschutzmittel** angeboten. Sie werden als Creme oder Flüssigkeit auf die Haut aufgetragen. Auf der Packung von Sonnenschutzmitteln befindet sich eine Angabe über den sogenannten Lichtschutzfaktor. Er gibt an, um wie viel die unschädliche Verweildauer in der Sonne verlängert werden kann (siehe rechte Spalte von Bild 2). Ein Lichtschutzfaktor von 6 besagt, dass eine Person mit Hauttyp II etwa 6 x 14 = 84 Minuten ohne Schaden in der Sonne verbringen kann, wenn sie sich mit diesem Sonnenschutzmittel sorgfältig eincremt. Mehrmaliges Auftragen von Sonnenschutzmitteln verlängert die Verweildauer in der Sonne nicht.

Zu viel Sonne auf einmal kann die Haut schädigen. Es ist daher ratsam, sich langsam an die Sonne zu gewöhnen. Man sollte seine Haut vor Sonnenbrand schützen.

1 Bestimme deinen Hauttyp. Gehe dabei folgendermaßen vor: Lies in Bild 2 die Spalte „Merkmale". Diese Merkmale gelten für normale, nicht gebräunte Haut. Versuche deine Haut einem der Typen I bis IV zuzuordnen. (Wenn du dir nicht sicher bist, gib die beiden Typen an, deren Merkmale deiner Haut am nächsten kommen.) In der rechten Spalte von Bild 2 kannst du ablesen, wie lang die unschädliche Verweildauer in der Sonne ungefähr ist.

2 Ist die Dauer für einen unschädlichen Aufenthalt in der Sonne im Hochgebirge oder an der Nordsee größer oder kleiner als in der rechten Spalte von Bild 2 angegeben? Begründe deine Entscheidung.

3 Temperatur und Wärme

3.1 Experimentieren als Weg der Naturwissenschaften

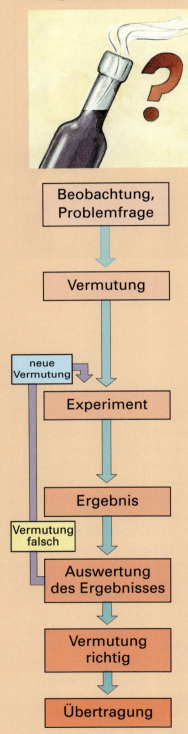

Wie in den Naturwissenschaften häufig gearbeitet wird, ist in Bild 1 dargestellt. Petra hat aus Holunderbeeren Saft hergestellt. Eine Flasche hat sie randvoll mit heißem Saft abgefüllt. Nach einiger Zeit will sie den abgekühlten Saft wegstellen. Dabei macht sie eine merkwürdige **Beobachtung**: Die vorher randvoll abgefüllte Flasche ist nicht mehr ganz voll.

Problemfrage: Petra ist erstaunt über ihre Beobachtung und fragt sich: „Warum ist die Flasche nicht mehr voll?"

Vermutung 1: Petra überlegt und vermutet, dass der fehlende Teil der Flüssigkeit verdunstet sein könnte. Petra ist sich nicht sicher, ob ihre Vermutung zutrifft.

Vermutung 2: Es könnte auch sein, dass sich Holundersaft ähnlich wie die Flüssigkeit in Thermometern beim Abkühlen zusammenzieht.

Experiment: Petra plant ein Experiment und führt es dann durch. Sie füllt eine Flasche mit heißem Holundersaft. Die Öffnung der Flasche verschließt sie mit einer Folie. Dadurch kann keine Flüssigkeit aus der Flasche verdunsten. Den Stand der heißen Flüssigkeit markiert sie mit einem Filzstift am Flaschenhals. Nach einer Stunde untersucht Petra den Stand der Flüssigkeit.

Ergebnis: Der Stand des Holundersaftes ist niedriger als zu Beginn des Versuches.

Auswertung des Ergebnisses: Petra prüft, welche Vermutung durch das Ergebnis bestätigt wird. Sie kommt zu dem Schluss, zu der Erkenntnis, dass ihre zweite Vermutung richtig ist. Wenn sich heißer Holundersaft abkühlt, nimmt er weniger Raum (Volumen) ein.

Übertragung: Petra wiederholt den Versuch mit Wasser. Auch das Wasser zieht sich beim Abkühlen zusammen. Aus diesen Ergebnissen kann sie schließen, dass andere Flüssigkeiten sich beim Abkühlen ähnlich verhalten. Viele naturwissenschaftliche Fragen lassen sich mit Experimenten beantworten.

> Mithilfe von Experimenten werden in den Naturwissenschaften Vermutungen überprüft. Experimente sind ein wichtiger Weg, um Erkenntnisse zu gewinnen.

1 Ablauf eines Experimentes

Um die Ergebnisse von Experimenten zu dokumentieren, werden Protokolle geschrieben. Darin werden die Problemfrage, die Vermutung, die Durchführung und die Ergebnisse genau beschrieben. So kann jemand anderes mithilfe eines guten Protokolls die Vorgehensweise nachvollziehen.

Versuchsprotokoll: Heißer Holundersaft kühlt ab.

Beobachtung: Eine randvoll mit heißem Holundersaft gefüllte Flasche ist nach einiger Zeit nicht mehr ganz voll.

Problemfrage: Warum ist die Flasche nicht mehr voll?

Vermutung: Der fehlende Teil des Saftes könnte verdunstet sein. Der Saft könnte beim Abkühlen wie die Flüssigkeit im Thermometer weniger Platz brauchen.

Experiment: Eine Flasche wird mit heißem Holundersaft gefüllt. Die Öffnung wird mit einer Folie verschlossen. Der Stand der Flüssigkeit wird mit einem Stift am Flaschenhals markiert. Nach einer Stunde wird der Stand der Flüssigkeit untersucht.

Ergebnis: Der Stand des Holundersaftes ist niedriger als zu Beginn des Versuches.

Auswertung: Durch die Folie kann der Saft nicht verdunsten. Wenn sich heißer Holundersaft abkühlt, nimmt er weniger Platz ein. Sein Volumen wird geringer.

1 Petra ist bei ihren Experimenten sehr sorgfältig vorgegangen und hat ein Protokoll angefertigt. Was muss dieses Protokoll alles enthalten, damit jemand anderes Petras Vorgehensweise nachvollziehen kann?

2 Problemfrage: „Was ist leichter, ein Liter warmes Wasser oder ein Liter kaltes Wasser?" Stelle zu dieser Problemfrage eine Vermutung an. Überlege dir ein Experiment, mit dem du deine Vermutung überprüfen kannst.

3 Problemfrage: „Eisen von Raumtemperatur nimmt einen bestimmten Raum ein. Nimmt es einen größeren Raum ein, wenn man es erwärmt?" Stelle zu dieser Problemfrage eine Vermutung an. Überlege dir ein Experiment, mit dem du deine Vermutung überprüfen kannst.

3 Temperatur und Wärme

3.2 Empfinden und Messen von Temperaturen

1. Empfinden, wie warm es ist
Stelle drei gleiche Gefäße bereit, in die du jeweils kaltes, lauwarmes und heißes Wasser einfüllst. Das Gefäß mit dem warmen Wasser steht in der Mitte. Tauche für zwei Minuten die linke Hand in das kalte Wasser und gleichzeitig die rechte Hand in das heiße Wasser ein. Tauche danach beide Hände gleichzeitig in das lauwarme Wasser ein. Beschreibe, wie du die Wassertemperatur des mittleren Gefäßes empfindest.

2. Temperaturen messen und notieren
Bestimme die Temperatur auf dem Schulgelände
a) in der Sonne,
b) im Schatten,
c) im lockeren Boden, zum Beispiel in einer Sandkiste,
d) unter Laub.

e) Miss die Temperatur zwischen zwei Fingern.
f) Bestimme die Temperatur von Leitungswasser.

Temperaturen richtig messen mit dem Flüssigkeitsthermometer

Beachte beim Messen mit dem Flüssigkeitsthermometer Folgendes:
– Sorge für einen guten Kontakt des Vorratsbehälters am Thermometer zum Gegenstand.
– Tauche das Thermometer vollständig in die Flüssigkeit ein. Auch beim Ablesen bleibt das Thermometer in der Flüssigkeit.
– Lies erst ab, wenn sich der Stand der Flüssigkeitssäule nicht mehr verändert.
– Schaue zum Ablesen senkrecht auf die Skala.

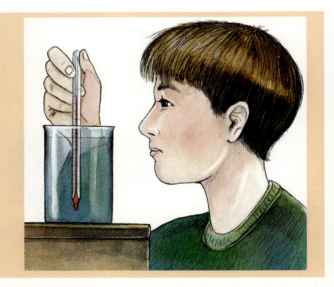

Warm oder kalt? Diese Frage hast du dir sicherlich auch schon einmal gestellt, bevor du nach dem Duschen ins Wasser des Schwimmbads gesprungen bist. Nach einer kalten Dusche empfindest du das Wasser im Becken wärmer, als wenn du dich vorher heiß abgeduscht hast. Die Haut ist temperaturempfindlich. Die Empfindung, ob die Umgebung heiß, warm oder kalt ist, sagt uns allerdings nicht, welche Temperatur genau vorhanden ist. Mit einem Thermometer kannst du genau feststellen, wie heiß oder kalt es ist.

Thermometer gibt es in unterschiedlichen Ausführungen. In Bild 1 ist ein Flüssigkeitsthermometer abgebildet. Flüssigkeitsthermometer haben alle einen Vorratsbehälter. Die Flüssigkeit im Steigrohr besteht aus blau gefärbtem Alkohol oder aus silbrig schimmerndem Quecksilber. Die Skala enthält Angaben in Grad Celsius (°C). Wenn es wärmer wird, steigt die Flüssigkeit in dem dünnen Steigrohr (Bild 1). Wenn es kühler wird, sinkt die Flüssigkeit im Steigrohr. Temperaturen unter 0 °C bekommen ein Minuszeichen (z. B. –6 °C).

Die in Bild 2 abgebildeten Thermometer werden für unterschiedliche Zwecke verwendet. Sie haben unterschiedliche Messbereiche. Elektronische Thermometer zeigen die Temperaturen auf einem Ziffernfeld digital an. Die Flüssigkristallthermometer zeigen die Temperaturen durch Farbänderungen an. Es gibt Stoffe, die ihre Farbe ändern, sobald eine bestimmte Temperatur überschritten wird. Wärmestifte zeigen an, wann eine bestimmte Temperatur erreicht ist. Sie ändern dann ihre Farbe.

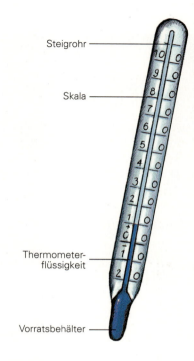

1 Flüssigkeitsthermometer

> Wärme und Kälte können unterschiedlich empfunden werden. Temperaturen werden mit dem Thermometer gemessen. Temperaturen werden in °C (Grad Celsius) angegeben.

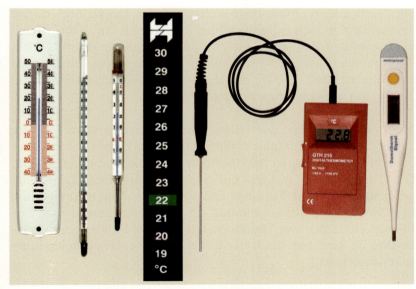

2 Flüssigkeitsthermometer, Flüssigkristallthermometer, elektronische Thermometer

1 Mit den Begriffen lauwarm oder eiskalt werden Temperaturen beschrieben. Notiere weitere Begriffe in dein Heft, die Temperaturen beschreiben.

2 Welche Stelle an deinem Fahrrad fühlt sich am kältesten an? Aus welchem Material besteht das Fahrrad an dieser Stelle (z. B. Gummi, Plastik, Metall)?

3 Zeichne ein Flüssigkeitsthermometer ab und beschrifte die Teile.

41

3 Temperatur und Wärme

3.3 Temperaturkurven darstellen und lesen

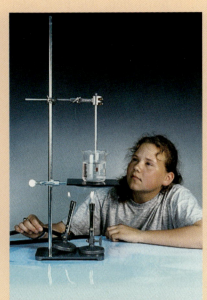

1 Wer bekommt das Wasser am heißesten?

Ein spannender Wettbewerb. Die Klasse 5b will herausfinden, wie sie das Wasser am heißesten bekommt (Bild 1). Die Schulkinder in Bild 1 versuchen es auf unterschiedliche Weise. Wer wird gewinnen?

Zunächst wird die Anfangstemperatur des Wassers gemessen und in eine Wertetabelle wie in Bild 2 eingetragen. Danach geht es gleichzeitig los. Nach jeweils 30 Sekunden wird die Temperatur abgelesen und die **Messwerte** werden in der Tabelle notiert. Die Temperaturen steigen unterschiedlich schnell an. Doch nach einer gewissen Zeit ändert sich bei allen Versuchen der Stand der Thermometerflüssigkeit nicht mehr. Das Wasser siedet. Es wird zu Wasserdampf. 100 °C auf dem Thermometer sind erreicht. 100 °C ist die **Siedetemperatur** des Wassers.

Messwerte bildlich darstellen. Die Temperaturwerte in der Tabelle (Bild 2) kann man bildlich darstellen. Es gibt unterschiedliche Möglichkeiten. In Bild 3 sind drei Möglichkeiten dargestellt. Die Thermometer werden mit Steigrohr und Flüssigkeitssäule gezeichnet (Bild 3a). Für diese Darstellung benötigt man viel Zeit. Bild 3b zeigt die Messergebnisse schon in einfacherer Form. Die Flüssigkeitssäulen des Thermometers sind als Balken gezeichnet. In Bild 3c sind nur noch die Endpunkte der Flüssigkeitssäulen gekennzeichnet.

Für die Darstellung der Temperaturkurven in Bild 3 wird jeweils ein Achsenkreuz benutzt. Auf der Hochachse ist die Temperatur

Zeit	Temperatur
am Anfang	16 °C
nach 30 Sekunden	25 °C
nach 60 Sekunden	34 °C
nach 90 Sekunden	44 °C
nach 120 Sekunden	54 °C
nach 150 Sekunden	63 °C
nach 180 Sekunden	74 °C
nach 210 Sekunden	83 °C
nach 240 Sekunden	92 °C
nach 270 Sekunden	96 °C
nach 300 Sekunden	100 °C
nach 330 Sekunden	100 °C

2 Ein mögliches Versuchsergebnis

3.5 Aus der Geschichte des Thermometers

Zur Zeit des schwedischen Naturforschers ANDERS CELSIUS (1701–1744) waren die Thermometer sehr ungenau. Es war nicht möglich, Temperaturmessungen an verschiedenen Orten zu vergleichen. CELSIUS suchte nach einer Thermometerskala, die überall vergleichbare, genaue Temperaturmessungen ermöglichte. CELSIUS benutzte für seine Versuche ein Thermometer mit Quecksilber im Vorratsbehälter.

Als feststehende Punkte für seine Skala verwendete CELSIUS die Temperatur des siedenden Wassers und die Temperatur, bei der Wasser gefriert (Bild 1). Er markierte den Stand der Quecksilbersäule im Steigrohr, als Wasser zu Eis gefror. Als nächstes markierte er den Stand der Quecksilbersäule im Steigrohr, bei der Temperatur, bei der das Wasser siedete. Den Abstand zwischen beiden Marken auf dem Steigrohr unterteilte er in 100 gleiche Teile zu je 1 Grad.

Auf der **Skala von CELSIUS** entspricht 0 Grad dem Gefrierpunkt des Wassers und 100 Grad dem Siedepunkt des Wassers. Nach oben und unten kann die Celsiusskala fortgesetzt werden. Temperaturen unter 0 °C werden mit einem Minuszeichen gekennzeichnet. Zum Beispiel liest man die Angabe –8 °C als „minus acht Grad Celsius". Thermometer mit Celsiusskala fanden rasch eine weite Verbreitung. Es gab noch andere Vorschläge zur Einteilung der Thermometerskala. In Nordamerika ist die Temperaturangabe in **Grad Fahrenheit (°F)** üblich. 0 °C entsprechen 32 °F, 100 °C entsprechen 212 °F.

> Grundlage der Thermometerskala nach CELSIUS sind zwei feststehende Punkte: der Gefrierpunkt und der Siedepunkt des Wassers. Auf der Skala von Celsius entspricht 0 Grad dem Gefrierpunkt, 100 Grad dem Siedepunkt des Wassers.

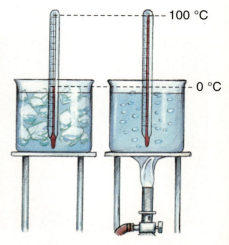

1 Gefrierendes und siedendes Wasser

Celsius	Fahrenheit
0 °C	32 °F
10 °C	50 °F
20 °C	68 °F
30 °C	86 °F
40 °C	104 °F
50 °C	122 °F
60 °C	140 °F
70 °C	158 °F
80 °C	176 °F
90 °C	194 °F
100 °C	212 °F

2 Beispiele für Temperaturangaben

1. Eine Celsiusskala herstellen

Mithilfe des Gefrierpunktes und des Siedepunktes von Wasser kannst du eine Celsiusskala herstellen. Fülle dazu ein Becherglas zur Hälfte mit zerkleinerten Eisstückchen und gib etwas Wasser dazu (Bild 1). Stelle das Thermometer ohne Skala so in das Eiswasser, dass das Vorratsgefäß vollständig eintaucht. Markiere den Standort der Thermometerflüssigkeit, wenn sich die Höhe nicht mehr ändert. Bringe anschließend das Wasser zum Sieden. Markiere den Stand, wenn sich die Höhe der Flüssigkeit nicht mehr ändert. Miss den Abstand zwischen den beiden Markierungen. Bei deinem Thermometer ist der Abstand dazwischen sicherlich zu klein, um ihn in 100 gleiche Abschnitte zu teilen. Wähle deshalb Zehn-Grad-Schritte.

3 Temperatur und Wärme

3.6 Wärmequellen

1 Eine Katze wärmt sich in der Sonne

2 Eine künstliche Wärmequelle (Wärmelampe)

Ganz zufrieden wärmt sich eine Katze in der Sommersonne (Bild 1). Im Winter genügt ihr die Wärme nicht, die direkt von der Sonne kommt. Dann liegt sie lieber in der Nähe der Heizkörper der Zentralheizung. Viele Wärmequellen sorgen dafür, dass Pflanzen, Tiere und Menschen gewärmt werden. So nutzt die Zauneidechse im Frühling die Wärme der von der Sonne erwärmten Steine. Die Vogelmutter wärmt ihre Jungen. Die frisch geschlüpften Hühnerküken drängen sich gemeinsam unter der Wärmelampe (Bild 2). Ein Körper, der Wärme abgibt, wird als **Wärmequelle** bezeichnet. Wärmequellen sind stets wärmer als ihre Umgebung.

Die wichtigste natürliche Wärmequelle ist die Sonne. Sie liefert seit Milliarden von Jahren Wärme zur Erde. Ohne diese **natürliche Wärmequelle** wäre ein Leben auf der Erde unmöglich. Feuer speiende Vulkane, glühende Lavaströme oder heiße Wasserquellen bringen Wärme aus dem Erdinnern.

Eine Reihe von Wärmequellen haben wir Menschen geschaffen und für uns nutzbar gemacht. Beispiele für diese **künstlichen Wärmequellen** sind der Elektro- oder Kohleherd, der Glühdraht einer Lampe, die Kaffeemaschine, das Bügeleisen, der Backofen oder die Heizung im Auto. Elektrische Wärmequellen, zum Beispiel der Elektroherd oder der Toaster, liefern Wärme, wenn ein

1 Was ist eine Wärmequelle?

2 Welche Wärmequellen kommen in der Natur vor?

3 Die Bilder dieses Abschnitts zeigen unterschiedliche Wärmequellen. Wie heißen die Wärmequellen?

3 Steinzeitmenschen nutzen das Feuer

elektrischer Strom durch einen Draht fließt und dieser dadurch erhitzt wird.

Bereits vor ca. einer Million Jahren nutzten die Menschen das Feuer als Wärmequelle (Bild 3). Während die Frühmenschen noch darauf warten mussten, dass das Feuer durch einen Blitzeinschlag entstand, waren die Steinzeitmenschen schon in der Lage ein Feuer zu entfachen. Für uns ist es heutzutage sehr einfach, Papier, Holz, Kohle, Gas oder Heizöl zu verbrennen, um uns zu wärmen.

In Geräten oder technischen Anlagen kann Wärme entstehen, die wir dort gar nicht brauchen. Diese Wärme wird an die Umgebung abgeleitet. So wird beispielsweise von Fabriken oder Kraftwerken kaltes Wasser aus Flüssen zum Kühlen entnommen und mit einer wesentlich höheren Temperatur wieder in die Flüsse zurückgeleitet

> Wärmequellen haben stets eine höhere Temperatur als ihre Umgebung. Einige Wärmequellen kommen in der Natur vor. Sie heißen natürliche Wärmequellen. Die vom Menschen geschaffenen Wärmequellen werden künstliche Wärmequellen genannt.

4 Beschreibe zwei Beispiele, in denen ein Gegenstand einen anderen erwärmt.

5 Welche künstlichen Wärmequellen kennst du?

6 Welcher Körper ist die Wärmequelle in folgendem Beispiel:
a) Ein Eiswürfel in der Hand,
b) ein Löffel in einem Glas heißer Milch,
c) ein Schüler im Schwimmbad.

3 Temperatur und Wärme

3.7 Volumenänderung durch Temperaturänderung

1 Große Hitze als Unglücksursache

1 m langer Stab aus	Ausdehnung
Glas	0,08 mm
Beton	0,12 mm
Eisen, Stahl	0,12 mm
Kupfer	0,17 mm
Aluminium	0,24 mm

1 l Flüssigkeit bei 20 °C	Ausdehnung
Wasser	1,9 ml
Glyzerin	5,0 ml
Heizöl	10 ml
Benzin	10,6 ml
Alkohol	11,2 ml

1 l Gas bei 20 °C	Ausdehnung
Luft	34 ml
Erdgas	34 ml

2 Ausdehnung von Stoffen bei einer Erwärmung um 10 °C

Feste Stoffe. Durch die hohen Temperaturen sollen sich die Schienen so stark ausgedehnt haben, dass sie sich wie von Geisterhand verbogen haben (Bild 1). Ist das möglich? Schließlich sind sie doch aus Eisen. Im Versuch 1 kannst du beobachten, dass sich eine Eisenstange ausdehnt, wenn sie erwärmt wird. Der Kugel–Ring–Versuch (Versuch 2) zeigt, dass diese Ausdehnung nach allen Seiten erfolgt. Die erwärmte Eisenkugel passt nicht mehr durch den Ring. Beim Abkühlen zieht sie sich wieder zusammen. Ebenso verhalten sich die meisten festen Körper, wenn sie erwärmt und abgekühlt werden. Feste Stoffe dehnen sich unterschiedlich stark aus, wenn sie erwärmt werden (Bild 2).

Flüssigkeiten. Vom Thermometer kennen wir bereits, dass sich Flüssigkeiten beim Erwärmen ausdehnen und beim Abkühlen wieder zusammenziehen. Doch gilt das auch für andere Flüssigkeiten? Vergleichst du den Stand der Flüssigkeiten am Anfang des Versuchs 3 mit dem Endstand, so stellst du fest, dass sich verschiedene Flüssigkeiten bei gleichem Erwärmen unterschiedlich stark ausdehnen.

Gase. Auch Luft braucht beim Erwärmen mehr Raum und dehnt sich aus. Das ist die Erklärung für die Beobachtungen bei den Versuchen 4 und 5. Im Gegensatz zu Flüssigkeiten und festen Stoffen dehnen sich bei gleicher Erwärmung alle Gase gleich stark aus.

> Feste Stoffe und Flüssigkeiten dehnen sich bei gleicher Erhöhung der Temperatur unterschiedlich stark aus. Alle Gase dehnen sich bei gleicher Erhöhung der Temperatur gleich stark aus.

1 Warum werden die Fahrdrähte der Eisenbahnen durch Gewichte gespannt?
Welche Aufgabe haben Dehnungsfugen an Gebäuden?

2 Warum kann man Stahl und Beton gemeinsam verarbeiten (Bild 2)?

3 Beschreibe, wie du einen eingedrückten Tischtennisball wieder ausbeulen kannst.

4 Berechne, um wie viel Millimeter eine Stahlbrücke von 50 m Länge länger wird, wenn die Temperatur um 30 °C steigt (Bild 2).

Feste Stoffe

1. Eine Eisenstange wird erwärmt
Befestige eine Eisenstange an einem Ende der Stativstange. Das freie Ende soll gegen den Zeiger stoßen. Markiere den Zeigerstand und erwärme die Eisenstange. Erkläre deine Beobachtungen.

2. Kugel-Ring-Versuch
Die Kugel aus Eisen fällt gerade so eben durch die ringförmige Öffnung. Finde heraus, was geschieht, wenn du die Kugel erhitzt.

Flüssige Stoffe

3. Erwärmen und Abkühlen von Flüssigkeiten
Fülle drei gleiche Reagenzgläser, die gleich dünne Steigrohre enthalten, gleich hoch mit unterschiedlichen Flüssigkeiten (Wasser, Spiritus, Glyzerin). Stelle sie in ein größeres Gefäß und markiere den jeweiligen Stand der Flüssigkeit im Steigrohr. Gieße warmes Wasser hinzu und beobachte die Steigrohre. Markiere den neuen Stand der Flüssigkeiten und vergleiche die Abstände.

Gasförmige Stoffe

4. Seifenblasen auf der Flasche
Tauche eine Flasche so in eine Spülmittellösung, dass sich auf der Öffnung eine Seifenhaut bildet. Erwärme die Flasche mit beiden Händen und stelle sie anschließend in kaltes Wasser. Beschreibe das Verhalten der Seifenhaut und erkläre es.

5. Tanzendes Geldstück
Feuchte den oberen Rand einer leeren, gut gekühlten Flasche an und lege ein Geldstück darauf. Erwärme die Flasche mit den Händen. Erkläre das Verhalten des Geldstückes.

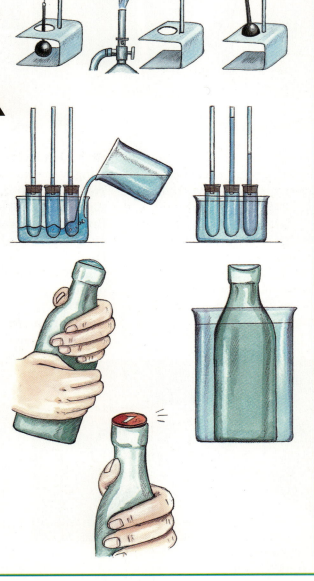

3 Temperatur und Wärme

3.8 Ausdehnung beim Erwärmen

1 Brückenlager und Dehnungsfugen

1 Wie unterscheiden sich die Dehnungsfugen an den Brücken im Sommer und im Winter?

2 Der Metalldeckel eines Vorratsgefäßes lässt sich nicht öffnen. Eva schlägt vor, heißes Wasser über den Deckel zu gießen. Lässt sich der Deckel dann leichter öffnen?

Bei vielen technischen Anwendungen ist es wichtig, die Ausdehnung von Stoffen zu beachten. Die Temperaturschwankungen zwischen Sommer und Winter oder Tag und Nacht bewirken ein ständiges Ausdehnen und Zusammenziehen von festen Stoffen. Brücken werden beweglich auf Rollen gelagert und mit einer Dehnungsfuge versehen (Bild 1). Lange Rohrleitungen für heißen Dampf erhalten Ausgleichsschleifen (Bild 2). So können sie sich beim Erwärmen oder Abkühlen verschieben, ohne Schaden zu nehmen.

Ausdehnung hilft. Nicht geschraubt, genietet oder geklebt! Trotzdem sitzen die Räder der Eisenbahn fest auf der Achse. Mit Gas-

2 Ausgleichsschleifen einer Fernheizung

3 Stellmacher beim Aufschrumpfen

brennern werden die Räder stark erhitzt. Dabei dehnen sie sich so stark aus, dass sie auf die Achse geschoben werden können. Nach dem Abkühlen haben sie sich so stark zusammengezogen, dass sie fest mit der Achse verbunden sind. Diese Arbeiten führten früher die Stellmacher durch, um Eisenreifen auf die Holzräder einer Kutsche zu ziehen (Bild 3).

Sicherheit durch Ausdehnungsbehälter. Wenn Flüssigkeiten erwärmt werden, dehnen sie sich aus. Dadurch können zum Beispiel Rohre platzen. Um das zu verhindern, werden Überläufe oder Ausdehnungsbehälter eingebaut. Das Kühlwasser im Auto entweicht beim Erwärmen in einen Ausdehnungsbehälter. Beim Treibstofftank eines Autos sorgt ein Überlaufrohr für den notwendigen Platz, wenn sich der Treibstoff ausdehnt.

Sprinkleranlage. In Warenhäusern befindet sich an den Decken ein Wasserleitungssystem mit vielen Öffnungen, die durch kleine mit einer Flüssigkeit gefüllten Glasröhrchen verschlossen sind (Bild 4). Übersteigt die Temperatur in dem Raum eine vorher festgelegte Temperatur, dehnt sich die Flüssigkeit so stark aus, dass das Gläschen zerplatzt. Das dann ausströmende Wasser wird durch einen Sprühteller fein verteilt.

Bei einem **Bimetall** sind zwei unterschiedliche Metallstreifen, die sich unterschiedlich stark ausdehnen, fest miteinander verbunden (Bild 5). Beim Erwärmen biegt sich der Streifen zu der Seite, die sich weniger stark ausdehnt.

> Die Ausdehnung von Stoffen beim Erwärmen kann technisch genutzt werden. Um Schäden durch Ausdehnung von Stoffen zu vermeiden, werden zum Beispiel Dehnungsfugen bei Brücken, Ausgleichsschleifen bei der Fernheizung oder Ausdehnungsbehälter vorgesehen.

3 Benzin wird in der Tankstelle im Erdtank bei ca. 10 °C gelagert. Herr Kroll tankt voll. Auf dem Parkplatz erwärmt sich der Tank des Autos auf 40 °C. Was kann geschehen?

4 Die Leitungsdrähte einer Überlandleitung sehen im Sommer und im Winter verschieden aus. Skizziere eine Leitung im Sommer bzw. im Winter. Erkläre.

5 In vielen elektrischen Geräten sind Bimetallstreifen eingebaut. Welche Aufgabe könnten sie dort haben?

5 Bimetall

4 Sprinkleranlage

3 Temperatur und Wärme

3.9 Transport von Wärme – Strömung

Julia will nach dem Waschen ihrer Haare noch schnell zu ihrer Freundin. Es ist kalt draußen. Deshalb trocknet sie ihre Haare im warmen Luftstrom eines Föhns. Das geht schneller, als wenn sie ihre Haare in der Sonne oder unter einer Wärmelampe trocknet. Sie bringt durch die Wärme der elektrischen Lockenbürste ihre Haare in die richtige Form (Bild 1).

Möglichkeiten des Transports von Wärme. Wenn Julia den Föhn benutzt, wird die Wärme mit dem Luftstrom übertragen. Wir sprechen hier von **Wärmeströmung**. Bei der Lockenbürste gelangt die Wärme durch den Stab direkt an das Haar. Diese Art heißt **Wärmeleitung**. Die Wärme der Wärmelampe oder der Sonne wird zugestrahlt. Diese dritte Art der Wärmeübertragung nennt man **Wärmestrahlung**.

Wärmeströmung. Über einer Wärmequelle kommt die Luft in Bewegung (Versuch 1). Die erwärmte Luft steigt nach oben. Der Luftstrom nimmt die Wärme mit und gibt sie an anderer Stelle ab. Auch im Wasser entstehen durch Wärme Strömungen. Wird das Wasser wie im Versuch 2 links oder rechts unten im Becherglas erhitzt, kommt es in Bewegung. Die Sägespäne zeigen diese Wasserströmungen an. Über dem Tauchsieder steigt das Wasser auf und sinkt an der anderen Seite wieder ab. Das strömende Wasser transportiert die Wärme. Diese Art der Wärmeübertragung ist stets mit der Bewegung eines Transportmittels, zum Beispiel eines Gases oder einer Flüssigkeit, verbunden.

1 Drei Möglichkeiten der Wärmeübertragung

1 Erkläre, warum sich eine Weihnachtspyramide dreht, wenn die Kerzen angezündet werden.

V

1. Wärme strömt mit der Luft
Zeige mit einer Papierschlange, wie sich die warme Luft über einer Wärmequelle bewegt.

2. Wärme strömt mit dem Wasser
Fülle ein großes Becherglas mit Wasser und gib Sägespäne dazu, die du durch Umrühren gleichmäßig verteilst. Erhitze das Wasser mit einem Tauchsieder links unten im Becherglas. Beschreibe deine Beobachtungen.

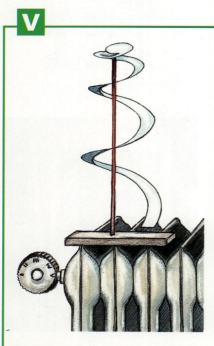

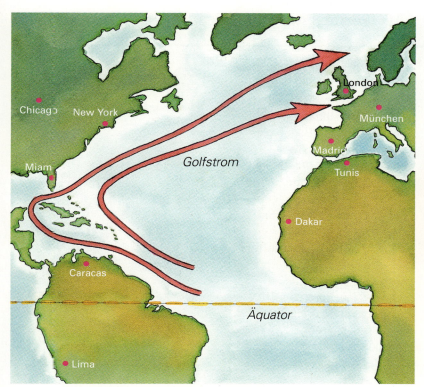

2 Meeresströmungen transportieren Wärme

3 Eine Dohle kreist im Aufwind

4 Ausbreitung der Wärme

Der Wärmetransport mit Flüssigkeiten und Gasen kommt in der Natur in großem Ausmaß vor und bestimmt unser Klima. Der Golfstrom wird als „Warmwasserheizung" Nord- und Westeuropas bezeichnet (Bild 2). Er transportiert Wärme aus dem Golf von Mexiko bis an die Küsten Europas und verhindert dadurch ein frühzeitiges Zufrieren der Häfen in Nord- und Westeuropa.

Über der Stadt erwärmt sich die Luft stärker als über einem Waldgebiet. Die hier entstehenden **Aufwinde** werden von Segelfliegern und segelnden Vögeln genutzt (Bild 3).

Das Blut transportiert auch Wärme. Im Inneren deines Körpers wird das Blut erwärmt. Das warme Blut wird durch die Blutgefäße bis unter die Haut transportiert. Dort gibt es einen Teil der Wärme an die Umgebung ab und kühlt dabei ein wenig ab. Bei starker körperlicher Arbeit wird die Haut stärker durchblutet. Dann wird mehr Wärme nach außen abgegeben. Auch bei warmer Umgebung wird auf diese Weise Wärme zusätzlich abgegeben, damit der Körper gleichmäßig warm bleibt. Bei niedrigen Außentemperaturen wird die Wärmeabgabe verringert. Es strömt weniger Blut durch die Blutgefäße der Haut (S. 35, Bild 2).

| Wird die Wärme mit einer Flüssigkeit oder einem Gas transportiert, spricht man von Wärmeströmung.

2 Untersuche an unterschiedlichen Stellen mit einer Kerzenflamme, ob die Luft im Klassenzimmer strömt. Stelle die Ergebnisse in einer Skizze dar.

3 Nenne die drei Möglichkeiten der Wärmeübertragung am Beispiel einer heißen Teekanne (Bild 4).

4 Nenne drei Beispiele, bei denen Luft oder Wasser Wärme transportiert. Beschreibe die Vorgänge.

3 Temperatur und Wärme

3.10 Wärmeleitung

V

1. Überträgt der Kupferstab die Wärme?
Stelle ein Thermometer und einen Kupferstab in ein mit Wasser gefülltes Becherglas. Lies die Temperatur ab. Erhitze anschließend den Kupferstab am oberen Ende. Beobachte die Anzeige des Thermometers und erkläre.

2. Wasser als Wärmeleiter?
Befestige einige kleine Eisstücke mit Draht unten im Reagenzglas. Fülle danach Wasser auf und erhitze das Reagenzglas am oberen Rand. Was beobachtest du?

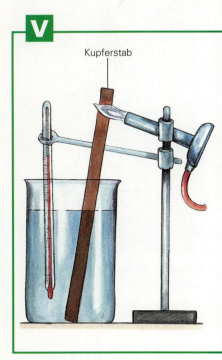
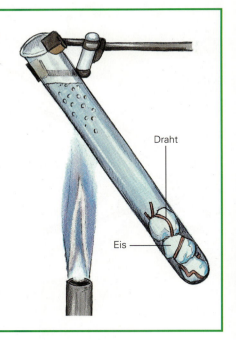

Wird das eine Ende eines Kupferstabes wie in Versuch 1 in die Flamme eines Brenners gehalten, während das andere Ende in kaltes Wasser eintaucht, steigt die Wassertemperatur an. Die Wärme wird von der Brennerflamme durch den Stab geleitet. Sie geht immer vom heißen zum kalten Körper über. Wir sprechen von **Wärmeleitung**. Nicht alle Stoffe leiten die Wärme gleich gut. Metalle sind bessere **Wärmeleiter** als Glas, Holz oder Kunststoffe. Luft ist ein sehr schlechter Wärmeleiter. Beim Versuch 2 befinden sich im Reagenzglas gleichzeitig Eis im unteren Teil und siedendes Wasser an der Öffnung des Reagenzglases. Das ist möglich, weil das Wasser dazwischen die Wärme kaum weiterleitet. Wasser ist ein schlechter Wärmeleiter. Bei der Wärmeleitung wird die Wärme durch das Material geleitet. Metalle sind gute Wärmeleiter. Wasser, Luft, Holz und Kunststoffe sind schlechte Wärmeleiter (Bild 1).

Die Zahlen geben an, wievielmal besser die Wärme geleitet wird im Vergleich zur Luft.

Wärmeleitfähigkeit der Luft = 1

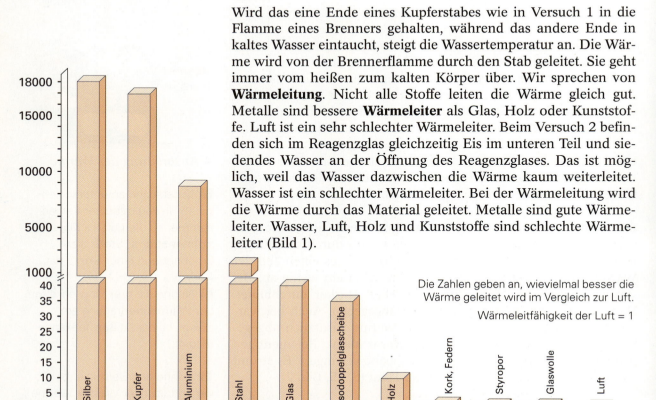

1 Beispiele für die unterschiedliche Wärmeleitung

2 Mensch und Tier schützen sich vor zu viel Wärmeabgabe

Die schlechte Wärmeleitung von Stoffen nutzt man aus, wenn Wärme nicht abgegeben werden soll. Daher sind Holz, Glaswolle, Wolle, Schaumstoffe und auch Luft zur **Wärmedämmung** gut geeignet. Tiere, die im Freien überwintern, dürfen auch bei tieferen Temperaturen nicht zu viel Wärme abgeben. Sie schützen sich durch eine dickere Fettschicht und durch ein dichtes Winterfell. Ihr Winterfell ist ein schlechter Wärmeleiter (Bild 2). Menschen schützen sich im Winter mit ihrer Kleidung vor zu viel Abgabe von Wärme.

> Bei der Wärmeleitung wird die Wärme durch das Material geleitet. Metalle sind gute Wärmeleiter. Flüssigkeiten, Gase und Kunststoffe sind schlechte Wärmeleiter.

3. Wärmedämmung

Bereite mehrere gleiche Gefäße vor, die du mit Watte, Schaumstoff, Fell oder Wolle umwickelst. Ein Gefäß bleibt ohne Hülle. Fülle heißes Wasser in die Gefäße ein. Setze sofort die Stopfen mit den Thermometern auf die Gefäße. Vergleiche die Temperaturen alle zwei Minuten. In welchem Gefäß hat das Wasser nach 20 Minuten die höchste Temperatur?

1 Nenne drei gute Wärmeleiter.

2 Nenne drei schlechte Wärmeleiter.

3 Beschreibe jeweils ein Beispiel, in dem einmal gute und einmal schlechte Wärmeleitung genutzt wird.

4 Warum muss ein Kochtopf einen guten Kontakt zur Herdplatte haben?

5 Beschreibe, warum sich Vögel im Winter aufplustern.

6 Warum bekommt man auf Fliesen schneller kalte Füße als auf Teppichboden?

3 Temperatur und Wärme

3.11 Erwärmen und Abkühlen

1 Erwärmen in der Küche

In der Küche werden Speisen zubereitet (Bild 1). Die heiße Herdplatte erhitzt den Topf mit dem Wasser. In das siedende Wasser werden die Nudeln hineingegeben. Zum Braten wird Fett in einer Pfanne erhitzt. Zunächst wird das feste Bratenfett geschmolzen. Es wird flüssig. Wird es weiterhin erhitzt, verdampft ein Teil und verteilt sich in der Luft. Dabei kühlt es wieder ab und setzt sich als dünner Schmierfilm in der Küche ab.

1 Beschreibe die Vorgänge in Bild 1 und 2. Erkläre, warum erwärmt oder abgekühlt wird. Wer gibt die Wärme ab, wer nimmt sie auf?

Cremespeisen oder Soßen, die als Zutaten Butter, Eier oder Sahne enthalten, können auf einer heißen Herdplatte leicht anbrennen oder gerinnen. Deshalb werden sie in einem offenen Topf erwärmt, der in heißem oder kochendem Wasser steht. Das Wasser nimmt die Wärme der Kochplatte auf und gibt sie allmählich an die Lebensmittel ab. Auch tiefgefrorene Speisen können im Wasserbad aufgetaut werden.

2 Abkühlen im Wasserbad

Pudding wird nach dem Kochen im Wasserbad abgekühlt (Bild 2). Er gibt die Wärme an das Wasser ab, das sich dadurch erwärmt. Nach dem Backen werden heiße Kuchen und heiße Brötchen zum Abkühlen auf ein Gitterrost gelegt (Bild 4). Sie geben ihre Wärme an die Luft ab. Schokolade wird geschmolzen, um sie als Glasur über einen Kuchen zu streichen, um Früchte hineinzutauchen oder um sie in kleine Förmchen zu gießen (Bild 3). Nach dem Abkühlen wird die Schokolade wieder fest. Sie erstarrt.

3 Schokolade wird geschmolzen

In allen Beispielen gibt der Körper mit der höheren Temperatur seine Wärme an den Körper mit der niedrigeren Temperatur ab. Das tut er so lange, bis beide die gleiche Temperatur erreicht haben. Dadurch kühlt sich der wärmere Körper ab und der kältere Körper erwärmt sich. Es findet ein **Temperaturausgleich** statt.

 Nur wenige Minuten kommt Petra zu spät zum Essen und schon ist die heiße Suppe abgekühlt und das gekühlte Getränk ist warm. Erkläre dies.

> Heiße Gegenstände geben so lange Wärme ab, bis sie die Temperatur ihrer Umgebung erreicht haben. Kalte Gegenstände nehmen so lange Wärme auf, bis sie die Temperatur ihrer Umgebung erreicht haben (Prinzip des Temperaturausgleichs).

V

1. Abkühlen im Wasserbad
Fülle einen großen Topf mit kaltem Wasser. Hänge einen kleinen Topf mit heißem Wasser in den großen Topf.

Miss die Anfangstemperaturen des Wassers in beiden Töpfen. Lies die Temperatur nach jeweils 5 Minuten ab. Trage die Messwerte in eine Tabelle ein. Stelle die Messwerte in einem Schaubild dar. Welche Temperatur wird am Ende erreicht sein?

	am Anfang	nach 5 Minuten	nach 10 Minuten	nach 15 Minuten	nach 20 Minuten
Wasser im großen Topf	? °C	? °C	? °C	? °C	? °C
Wasser im kleinen Topf	? °C	? °C	? °C	? °C	? °C

3 Temperatur und Wärme

3.12 Warm oder kühl halten

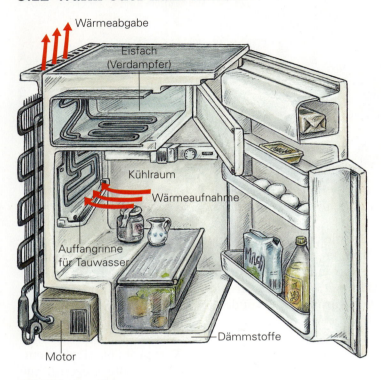

1 Kühlschrank

1 Besorge dir Informationen darüber, wie lange eine Packung Tiefkühlkost haltbar ist, wenn sie im Kühlschrank, im Tiefkühlfach oder im Gefrierschrank gelagert wird.

Kühl halten. Milch, Fleisch und Wurst verderben leicht, wenn sie nicht kühl aufbewahrt werden. Um Lebensmittel längere Zeit frisch zu halten, werden sie im Kühlschrank bei einer Temperatur von etwa 6 °C aufbewahrt (Bild 1). Werden die Lebensmittel in den Kühlschrank gelegt, geben sie ihre Wärme an die kalte Luft des Innenraumes ab und erwärmen sie. Damit es im Innenraum kühl bleibt, muss die Wärme nach außen transportiert werden. Das geschieht durch eine Flüssigkeit (Kältemittel), die durch Rohrleitungen im Innern des Kühlschrankes fließt. Der Transport der Wärme geschieht durch Wärmeströmung.

Auf der Rückseite des Kühlschranks gibt die Flüssigkeit die Wärme an die Zimmerluft ab. Die Rohrleitungen auf der Rückseite des Kühlschranks müssen gut belüftet sein, damit die Wärme von dort mit der Luft abtransportiert werden kann. Beim Kühlschrank wird die Wärme vom kälteren Teil (im Innern des Kühlschrankes) zum wärmeren Teil (Zimmer) transportiert (Bild 2).

Wird die Kühlschranktür offen gelassen, strömt mit der Zimmerluft die Wärme wieder in den Innenraum des Kühlschranks hinein und führt zu einer Erwärmung.

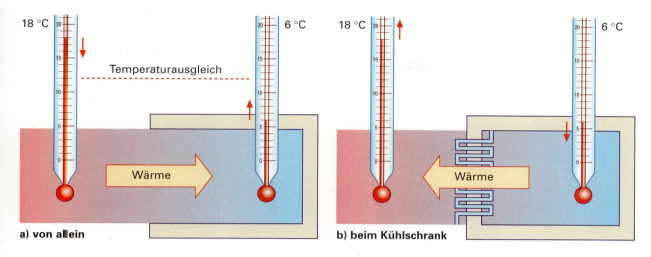

a) von allein   b) beim Kühlschrank

2 Wärme strömt

Viele Speisen, die in den Kühlschrank gestellt werden, enthalten Wasser, das im Innenraum des Kühlschranks verdunstet. An den kältesten Stellen, den Rohrleitungen, wird es wieder flüssig und setzt sich als Eis ab. Da Eis ein schlechter Wärmeleiter ist, kann die Wärme vom Kältemittel nicht so gut aufgenommen werden. Der Motor für die Pumpe muss unnötig lange arbeiten, damit die Wärme nach außen transportiert werden kann. Zum Abtauen dieses Eises muss der Kühlschrank regelmäßig abgeschaltet werden.

In einem Gefrierschrank werden die Nahrungsmittel bei ungefähr −18 °C aufbewahrt. Dadurch lassen sich die Speisen noch länger aufbewahren als im Kühlschrank.

Warmhalten. Will man Speisen längere Zeit warm halten, muss dafür gesorgt werden, dass die Wärme nicht entweicht. Gekochte Eier werden mithilfe von Eierwärmern warm gehalten. Auch ein Deckel auf der Schüssel verringert die Abgabe von Wärme an die Luft. Dickwandiges Porzellangeschirr hält die Speisen länger warm (Bild 4). Eine Isolierkanne hält Getränke lange heiß (Bild 3). Sollen warme Speisen lange warm und kalte Speisen lange kalt gehalten werden, benutzt man **Isoliergefäße**. Sie sind aus einem Material, das den Transport der Wärme verringert. Man sagt, sie isolieren.

3 Isolierkanne

> Beim Kühlschrank und beim Gefrierschrank wird Wärme aus dem Innenraum mithilfe eines Kältemittels nach außen transportiert.
> Sollen Speisen warm gehalten werden, muss die Abgabe der Wärme verhindert werden.

4 Transport von Wärme verhindern

3 Temperatur und Wärme

3.13 Wärmestrahlung

1. Wohin strahlt die Kerzenflamme?
Befestige zwei gleiche Thermometer im gleichen Abstand von einer Flamme so an einem Stativ, dass das eine Thermometer die Temperatur seitlich unterhalb der Kerzenflamme misst, das andere die Temperatur seitlich oberhalb der Flamme. Wie kannst du die Thermometeranzeigen erklären?

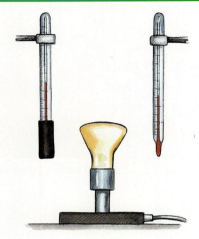

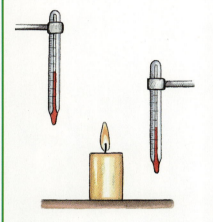

2. Gleicher Abstand gleiche Temperaturen?
Umhülle ein Thermometer mit einer schwarzen Pappe. Ein weiteres Thermometer bleibt frei. Stelle beide Thermometer im gleichen Abstand von einer Wärmelampe auf. Vergleiche die Temperaturen alle 30 Sekunden.

Vorsicht vor Verbrennungen!

3. Was wird wärmer?
Umhülle einen Erlenmeyerkolben mit einer weißen Pappe, einen zweiten mit einer schwarzen Pappe. Verschließe beide Kolben mit einem durchbohrten Stopfen, durch die du jeweils ein Thermometer steckst. Stelle beide Gefäße in die Sonne oder in gleicher Entfernung vor einer Strahlerlampe auf. Miss die Temperatur nach 5 und 10 Minuten und vergleiche die Temperatur der beiden Gefäße.

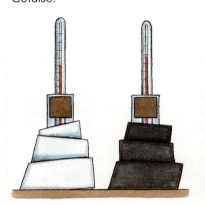

1 Warum zieht man im Sommer vorwiegend helle Kleidung an?

2 Welche Seiten eines Daches ist am besten für die Aufnahme von Sonnenkollektoren geeignet?

Tag für Tag liefert uns die Sonne Wärme. Diese Wärme kommt durch Strahlung zu uns. Strahlung braucht keine leitende Verbindung wie die Wärmeleitung und kein Transportmittel wie Luft oder Wasser bei der Wärmeströmung. Die **Sonnenstrahlung** durchdringt den Weltraum. Auch durch die Luft und durch Glas geht diese Strahlung nahezu ungehindert hindurch. Raue, dunkle Flächen nehmen die Strahlung besser auf als helle, glänzende Flächen. Ihre Temperatur steigt deshalb schneller an. Sie erreichen eine höhere Temperatur. Das merkt man besonders im Sommer in einem dunklen Auto, das in direktem Sonnenlicht steht. Ein mit Wasser gefüllter Gartenschlauch, der längere Zeit in der Sonne gelegen hat, liefert so lange warmes Wasser, bis kaltes Wasser aus der Leitung nachgeflossen ist.

1 *Sonnenkollektor zum Erwärmen von Wasser*

3 Jeweils ein Streifen weißes und schwarzes Tonpapier liegen nebeneinander auf einem Tisch. Sie werden von einer Wärmelampe bestrahlt. Was erwartest du, wenn du die Temperatur der Papierstreifen mit den Fingerspitzen überprüfst? Notiere deine Vermutung und begründe sie.

4 Welche Möglichkeit der Wärmeübertragung verhindert ein aufgespannter Sonnenschirm?

Die Flamme in Versuch 1 gibt Wärme durch Strahlung an die Thermometer ab. Wärmeleitung scheidet für die Übertragung aus, da die Luft ein schlechter Wärmeleiter ist. Die durch die Flamme erwärmte Luft steigt nach oben. Die beiden Thermometer in Versuch 2 zeigen, obwohl sie in gleicher Höhe gleich weit von der Flamme entfernt sind, unterschiedliche Temperaturen an. Die Temperatur in der schwarzen Hülse steigt schneller an und wird höher als ohne Hülse (Versuch 2). Auch das Wasser im dunklen Gefäß wird wärmer (Versuch 3). Im dunkel gefärbten Sonnenkollektor wird die Wärmestrahlung der Sonne ausgenutzt (Bild 1).

Jeder Körper sendet Wärmestrahlung aus, auch Menschen und Tiere. Je wärmer sie sind, desto mehr Wärme strahlen sie aus. Eine Maus strahlt ebenfalls Wärme ab (Bild 2). Diese Wärmestrahlung können wir normalerweise nicht sehen, aber mit einem **Wärmebild** kann man die verschiedenen Temperaturen sichtbar machen. Jeder Temperaturbereich der Maus ist durch eine Farbe gekennzeichnet. Die gelbe und die rote Farbe kennzeichnen die wärmeren Körperteile der Maus. Die blaue und die grüne Farbe kennzeichnen die kühleren Teile ihres Körpers.

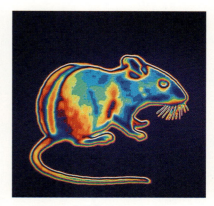

2 *Wärmebild einer Maus*

> Für die Wärmeausbreitung durch Strahlung ist kein Stoff notwendig. Die Strahlung der Sonne kommt durch das Weltall zur Erde. Dunkle, raue Oberflächen nehmen die Wärmestrahlung besser auf als helle, glänzende Flächen. Die Temperatur von dunklen Oberflächen steigt schneller an.

3 Temperatur und Wärme

3.14 Ein Haus gibt Wärme ab

An kalten Herbsttagen oder im Winter gibt ein beheiztes Haus Wärme an die Umgebung ab. Durch die Außenwände, durch das Dach, durch den Keller und durch die Fenster entweicht immer Wärme in die Umgebung. Wenn ein Haus schlecht isoliert ist, gelangt viel Wärme nach außen. Wärmeverluste kosten viel Geld (Bild 1). Mit einem Wärmebild wie in Bild 2 können die unterschiedlichen Temperaturbereiche eines Hauses durch verschiedene Farben gekennzeichnet werden. An den roten und gelben Flächen sind die Wände wärmer als an den grünen und blauen Stellen. An den roten und gelben Flächen gibt das Haus besonders viel Wärme ab.

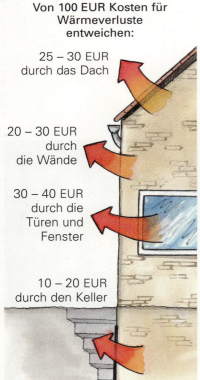

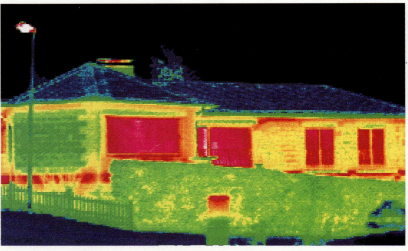

2 *Wärmebild eines Hauses* 14°C 13°C 12°C 11°C 10°C 9°C

1 *Wärmeverluste kosten Geld*

3 Eine gute Wärmedämmung verringert die Wärmeabgabe

Wärmedämmung. Die warme Luft im Zimmer gibt die Wärme an die Fenster und Wände ab. Da die Außenwand kühler ist als die Innenwand, wird die Wärme durch das Mauerwerk nach außen geleitet. Dort wird sie von der Außenluft aufgenommen. Häuser müssen so gebaut sein, dass sie möglichst wenig Wärme an die Umgebung abgeben. Durch eine gute Wärmedämmung wird die Wärmeabgabe wesentlich verringert (Bild 3).

Zur Wärmedämmung verwendet man Stoffe, die die Wärme schlecht leiten. Styroporplatten oder Mineralfasermatten enthalten Luft. Da Luft ein schlechter Wärmeleiter ist, wird weniger Wärme abgegeben. Auch eine Luftschicht in den Ziegelsteinen verringert die Wärmeleitung ebenso wie Isolierglasscheiben oder Dreifachscheiben.

Durch undichte Stellen, Fugen oder Ritzen, aber auch bei jedem Öffnen der Türen und Fenster strömt die warme Zimmerluft nach außen und wird durch kalte Luft ersetzt. Der Wärmetransport geschieht in diesen Fällen durch Strömung.

Dachbegrünung verbessert die Wärmedämmung der Dachflächen. Im Winter wird dadurch weniger Wärme abgegeben, im Sommer weniger Wärme aufgenommen. Gleichzeitig werden neue Lebensräume für Insekten und Vögel geschaffen.

> Von einem beheizten Haus wird Wärme an die Umgebung abgegeben. Wärmedämmstoffe verringern die Wärmeabgabe an die Umgebung.

Wärmeverluste vermeiden

Türen und Fenster gut schließen!

Keine Dauerlüftung vornehmen, lieber kurz und kräftig lüften!

Jedes Grad weniger an Zimmertemperatur spart Energie!

1 Erkundige dich, welche Möglichkeiten es gibt, zu Hause Wärme einzusparen.

2 Welche Möglichkeiten gibt es in deiner Schule, Wärme einzusparen?

3 Plane eine gut gedämmte Wand. Baue ein Modell.

G Temperatur und Wärme

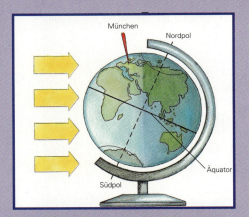

Vorgänge auf der Erde
- Der Sonnenstand ändert sich im Tagesverlauf und im Jahresverlauf.
- Tag und Nacht werden durch die Drehung der Erde um sich selbst in 24 Stunden bewirkt.
- Die Jahreszeiten entstehen durch den Lauf der Erde um die Sonne. Dabei sind die Halbkugeln der Erde im Laufe eines Jahres in einem unterschiedlichen Winkel der Sonne zugeneigt.

Auswirkungen auf Lebewesen
- Die Entwicklung der Pflanzen wird durch die Temperaturen in den Jahreszeiten bestimmt.
- Das Verhalten mancher Tiere wird durch die Temperaturen in den Jahreszeiten bestimmt.

Sonne

Aufbau der Haut
- Die Haut besteht aus den drei Schichten Oberschicht, Lederhaut und Unterhaut.
- In der Haut befinden sich Sinneskörperchen für die Wahrnehmung von Druck, Wärme und Kälte sowie Schmerz.

Haut
- Sie ist temperaturempfindlich und muss vor zu viel Sonne geschützt werden.
- Ohne ausreichenden Schutz kann es zu Sonnenbrand oder einem Sonnenstich kommen.

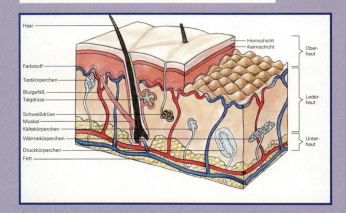

Wärmequellen
- Sie sind wärmer als die Umgebung.
- Sie geben Wärme ab.
- Eine natürliche Wärmequelle ist z.B. die Sonne.
- Künstliche Wärmequellen sind vom Menschen geschaffen wie z.B. Elektroherd und Kaffeemaschine.

Temperaturen
- Das Thermometer ist ein Messgerät für Temperaturen.
- Die Temperatur wird in der Einheit Grad Celsius (°C) angegeben.
- Eine Temperaturkurve zeigt anschaulich den Verlauf der Temperaturen an.

Wärmetransport
Der Transport von Wärme erfolgt durch:
- Wärmeströmung: Die Wärme wird durch strömende Flüssigkeiten oder strömende Gase transportiert.
- Wärmeleitung: Die Wärme wird durch das Material geleitet.
- Wärmestrahlung: Die Wärme wird als Strahlung ohne Stoffe geleitet.
- Metalle sind gute Wärmeleiter, Flüssigkeiten, Gase und Kunststoffe sind schlechte Wärmeleiter.
- Wärmedämmstoffe verringern die Wärmeabgabe an die Umgebung.

Auswirkungen auf Stoffe
- Beim Erwärmen wird das Volumen der meisten Stoffe größer.
- Beim Abkühlen wird das Volumen der meisten Stoffe geringer.

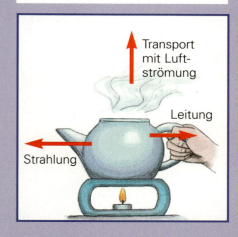

Wiederholen, Üben, Anwenden, Vertiefen

1 *Ein sonniger Strand*

4 Betrachte die Temperaturkurve in Bild 2.
a) Wann wurde die höchste Tagestemperatur gemessen?
b) Wie warm war es um 11.00 Uhr und um 17 Uhr am 02.07.?

5 Beschreibe, wie die Haut bei Überhitzung reagiert.

6 Woran erkennt man eine Wärmequelle?

7 Warum ist es im Sommer auf der Nordhalbkugel der Erde wärmer als im Winter?

1 Beschreibe, wie der Körper auf übermäßig starke Sonneneinstrahlung reagiert.

2 Wie sollte man sich vor zu viel Sonne schützen? Nenne mindestens drei Möglichkeiten.

3 Benenne die Teile der Haut (Bild 3).

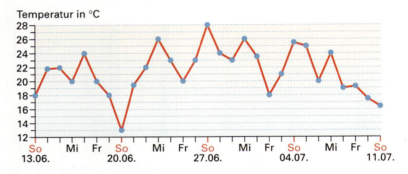

2 *Höchsttemperatur an vier Tagen in München*

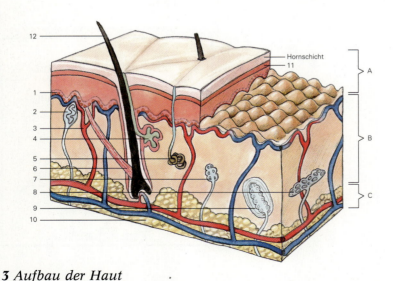

3 *Aufbau der Haut*

8 Beschreibe an einem Tier, wie dessen Verhalten durch die unterschiedlichen Temperaturen in den Jahreszeiten bestimmt wird.

4 *Flüssigkeitsthermometer*

9 Nenne die drei Arten der Wärmeübertragung. Wodurch unterscheiden sie sich?

10 Beschreibe zwei Beispiele für Gegenstände im Haushalt, bei denen die schlechte Wärmeleitung eines Stoffes genutzt wird.

11 Beschreibe zwei Beispiele für Gegenstände im Haushalt, bei denen die gute Wärmeleitung eines Stoffes genutzt wird.

17 Warum können die Skalen auf einem Thermometer verschieden lang sein?

18 Betrachte die Werte in Bild 5.
a) Stelle die monatlichen Temperaturwerte in einem Diagramm dar.
b) Welcher Monat hat die höchste, welcher die tiefste Durchschnittstemperatur?

19 Was geschieht, wenn Flüssigkeiten erwärmt werden?

25 Ein Becher mit heißem Tee (Bild 6).
a) Was kannst du beobachten?
b) Was kannst du messen?
c) Welches Ergebnis erwartest du?
d) Beschreibe den Versuchsablauf.
e) Notiere die Messergebnisse in einer Tabelle.

Jan	Feb	März	April	Mai	Juni	Juli	Aug	Sep	Okt	Nov	Dez
−2,4 °C	−1,2 °C	3,0 °C	7,6 °C	12,2 °C	15,4 °C	17,2 °C	16,6 °C	13,3 °C	7,8 °C	2,9 °C	−0,9 °C

5 *Durchschnittlicher Temperaturwert pro Monat*

12 a) Welche Wärmequellen kannst du in Bild 1 erkennen?
b) An wen geben sie Wärme ab?
c) Auf welche Arten wird in Bild 1 Wärme übertragen?

13 Warum reicht unser Temperatursinn für eine genaue Messung der Temperatur nicht aus? Begründe deine Meinung durch ein Beispiel aus Bild 1.

14 Zeichne das Flüssigkeitsthermometer in Bild 4 ab und beschrifte die Teile.

15 Wie musst du ein Thermometer benutzen, um die Temperatur genau zu messen?

16 Beschreibe, wie Herr Celsius seine Temperaturskala festgelegt hat.

20 Plane einen Versuch, durch den man feststellen kann, ob sich Alkohol genau so wie Wasser beim Erwärmen ausdehnt.

21 Erkläre, warum Dehnungsfugen bei Brücken notwendig sind.

22 Was geschieht, wenn du gegen einen kalten Spiegel hauchst?

23 Warum fühlt sich eine Türklinke aus Metall kälter an als eine Türklinke aus Kunststoff?

24 Welche Ursache kann es haben, wenn im Winter der Schnee auf den Dächern nur an einigen Stellen schmilzt?

6 *Material für einen Temperaturversuch*

Bewegung – Fortbewegung

Eine Fahrradtour bei sonnigem Wetter macht Spaß. Gehörst du auch zu den Leuten, die sich gerne in der Freizeit, bei Sport und Spiel bewegen? Bei den Bewegungen des Menschen wirken Muskeln, Knochen und andere Teile des Körpers zusammen. Wenn ein Teil verletzt oder erkrankt ist, gelingen Bewegungen nicht mehr so gut. Manchen Verletzungen und Erkrankungen kann man vorbeugen, wenn man seinen Körper beweglich und gelenkig hält.

Wahrscheinlich benutzt du häufig dein Fahrrad. Je nach Verkehrssituation wirst du zwischendurch bremsen, anhalten oder beschleunigen. Für eine bestimmte Wegstrecke brauchst du Zeit. Auf einem Fahrrad-Tachometer kannst du ablesen, ob deine Geschwindigkeit gleich bleibt, zu- oder abnimmt. Durch Ausprobieren, Messen und Vergleichen lernst du Zusammenhänge zwischen Geschwindigkeit, Zeit und Wegstrecke kennen.

Bei dem Bild auf dieser Seite handelt es sich um eine Röntgenaufnahme. Ein Radfahrer wird von einem Hund verfolgt.

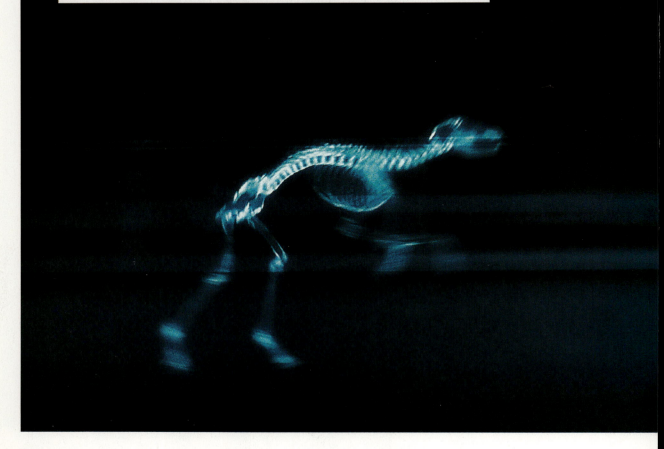

4 Bewegung beim Menschen

4.1 Skelett und Gelenke

1 Knochen sind sehr fest gebaut

2 Skelett aus der Steinzeit

■1 Benenne mithilfe von Bild 3 die Teile des Skeletts von Bild 2, das man bei Ausgrabungen gefunden hat.

■2 Ertaste mit einer Hand folgende Knochen an deinem Körper: Unterkieferknochen, Schlüsselbein, Oberarmknochen, Elle, Speiche, Oberschenkelknochen, Wadenbein, Schienbein (Bild 3).

■3 Schreibe auf, welche Knochen zum Schädel, zum Brustkorb, zur Wirbelsäule, zum Schultergürtel, zum Beckengürtel, zu den Armen und zu den Beinen gehören. Benutze dazu Bild 3.

■4 Bewege Ober- und Unterarm im Ellbogengelenk und taste dabei mit der anderen Hand das Ellbogengelenk ab. Beschreibe am Beispiel des Ellbogengelenks den Aufbau eines Gelenks (Bild 6 und 7, S.72).

In Dänemark fand man bei einer Ausgrabung das Skelett einer Frau (Bild 2). Sie lebte in der Steinzeit. Seitdem sind ungefähr 6000 Jahre vergangen. Die weichen Teile des Körpers, zum Beispiel die Muskeln, sind verwest. Knochen und Zähne bestehen aus sehr festem Material und verwesen deshalb nicht so schnell.

Das **Skelett** eines Menschen besteht aus mehr als 200 Knochen. Einige von ihnen sind in Bild 3 dargestellt. Knochen sind sehr fest gebaut. Ein Oberschenkelknochen des Menschen könnte 1650 Kilogramm tragen – das ist ungefähr die Masse von zwei Kleinautos (Bild 1).

Das Skelett gibt dem Körper Halt und stützt ihn, ähnlich wie ein Gerüst (Bild 3 und 4). Manche Teile des Skeletts schützen innere Organe vor Verletzungen. Der Brustkorb schützt Herz und Lunge. Der Schädel schützt das Gehirn. Viele Knochen des Skeletts sind an Bewegungen beteiligt. Knochen können sich nicht allein bewegen. Knochen werden von Muskeln bewegt. Knochen und Muskeln wirken bei Bewegungen zusammen.

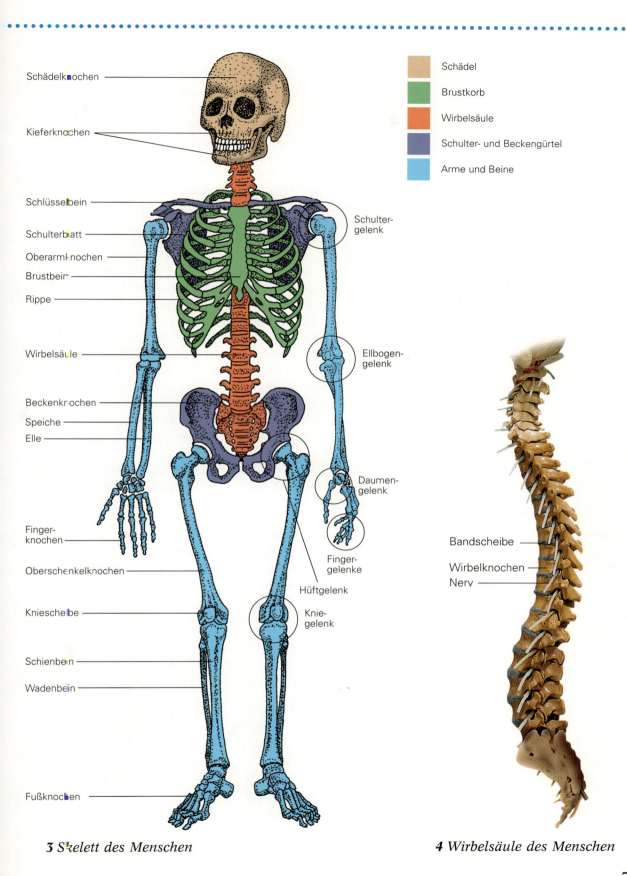

3 Skelett des Menschen

4 Wirbelsäule des Menschen

4 Bewegung beim Menschen

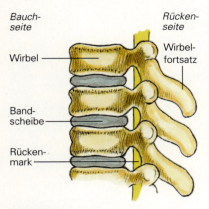

5 Ausschnitt aus der Wirbelsäule

Der Mensch gehört zu den Lebewesen mit einer **Wirbelsäule**. Sie ist die bewegliche Achse des Körpers, trägt den Schädel und stützt den Schultergürtel. Die Wirbelsäule besteht aus einzelnen Knochen, die man Wirbel nennt (Bild 5). Zwischen den einzelnen Wirbeln befinden sich die **Bandscheiben**. Sie bestehen aus Knorpel und sind elastisch. Wenn du gehst, läufst oder springst, werden die Bandscheiben etwas verformt. Bandscheiben wirken wie Stoßdämpfer. Dadurch werden Erschütterungen des Gehirns abgemildert. Im Inneren der Wirbelsäule verläuft wie ein dicker Strang das **Rückenmark**. Das Rückenmark ist ein Verbindungsstrang zwischen Nerven und Gehirn.

Beim Abtasten deines Armes wirst du bemerken, dass der Oberarmknochen und die Unterarmknochen im Ellbogen beweglich miteinander verbunden sind. Man bezeichnet die bewegliche Verbindung zwischen Knochen als **Gelenk**. Bild 7 zeigt den Aufbau des Gelenks, das die Elle mit dem Oberarmknochen bildet, das Ellbogengelenk. Das vorgewölbte Ende des Oberarmknochens (Gelenkkopf) sitzt in dem vertieften Ende der Elle (Gelenkpfanne). Beide Knochenenden sind von sehr glattem Knorpel umgeben. Im Spalt zwischen den Knochenenden befindet sich Gelenkschmiere. Glatter Knorpel und Gelenkschmiere bewirken, dass die Knochenenden leichter gegeneinander beweglich sind. Das Gelenk wird durch feste **Bänder** zusammengehalten (Bild 6).

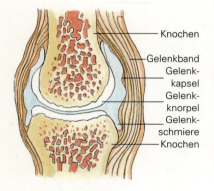

6 Schnitt durch ein Gelenk

Es gibt unterschiedliche Formen von Gelenken. Das Ellbogengelenk kannst du mit einem Scharnier vergleichen (Bild 7, 8). Auch die Zehengelenke sowie das Kniegelenk sind Scharniergelenke.

> Das Skelett stützt den Körper, schützt innere Organe und ist an Bewegungen beteiligt. Die Wirbelsäule ist die bewegliche Achse des Körpers. Gelenke sind bewegliche Verbindungen zwischen zwei Knochen.

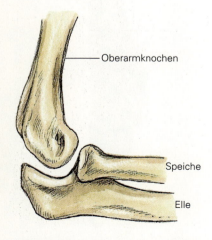

7 Das Ellbogengelenk – ein Scharniergelenk

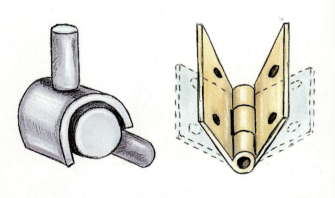

8 Technische Scharniergelenke

1. Modell der Wirbelsäule – Welche Aufgaben haben die Bandscheiben?

Stelle aus Wellpappe und aus Schaumstoff jeweils 14 Scheiben mit einem Durchmesser von sechs Zentimetern her. Durchbohre die Scheiben in der Mitte. Stecke ein 40 Zentimeter langes Stück festen Draht etwa zehn Zentimeter tief in einen Styroporblock. Lege abwechselnd eine Wellpappe- und eine Schaumstoffscheibe über den Draht.
Vergleiche das Modell der Wirbelsäule mit der Abbildung der Wirbelsäule in Bild 5. Ordne den Teilen der Wirbelsäule die entsprechenden Teile des Modells zu. Nimm das freie Ende des Drahtes zwischen Zeigefinger und Daumen und drücke leicht auf die Schichten aus Wellpappe und Schaumstoff. Biege das ganze Modell zur Seite.

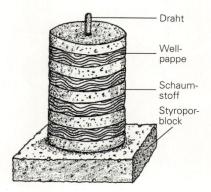

Beschreibe die einzelnen Modellteile unter Druck. Leite aus deinen Beobachtungen die Bedeutung der Bandscheiben ab.

2. Bau eines Gelenkmodells

Besorge dir eine Holzkugel von drei Zentimetern Durchmesser, einen Squashball, zwei Rundhölzer (15 Zentimeter lang, etwa ein Zentimeter Durchmesser) sowie Klebstoff und Messer. Klebe die Holzkugel an einem der Rundhölzer fest. Schneide dann einen Squashball in der Mitte durch. Klebe eine Hälfte an das Ende eines Rundholzes. Vergleiche die Teile des Modells mit den Teilen eines Gelenks (Bild 6). Stecke das Gelenk zusammen und bewege die beiden Rundhölzer im Gelenk. Streiche mit einem Pinsel etwas Öl auf die Oberfläche der Holzkugel. Welche Bedeutung hat diese „Gelenkschmiere"?

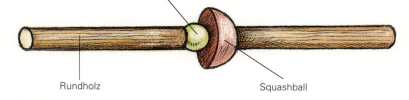

5 Suche in der Schule und zu Hause verschiedene Gegenstände mit gelenkigen Verbindungen, zum Beispiel einen Klappstuhl oder einen Tafelzirkel.

6 Vergleiche die unterschiedlichen Formen der Wirbelsäulenmodelle aus Draht und beschreibe die Unterschiede (Bild 9). Welches Modell ähnelt deiner Wirbelsäule? Formuliere aus diesen Ergebnissen Rückschlüsse über Belastbarkeit der menschlichen Wirbelsäule.

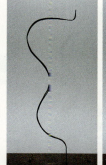

9 Wirbelsäulenmodell mit S-Form (links) und als Bogen

4 Bewegung beim Menschen

4.2 Muskeln bewegen den Körper

1 Hürdenläufer

1 Ertaste am Oberarm Beuge- und Streckmuskel. Beschreibe das Zusammenwirken von Muskeln, Sehnen, Knochen und Gelenken, wenn der Unterarm gebeugt und gestreckt wird (Bild 3).

Bild 1 und 2 zeigen Ausschnitte aus dem Bewegungsablauf beim Sprung über eine Hürde und bei einer Rolle vorwärts. Im ersten Teilbild rechts in Bild 1 ist das linke Bein gebeugt, beim Überspringen der Hürde wird es gestreckt. Ober- und Unterschenkel des Beines sind im Kniegelenk beweglich miteinander verbunden. Zwei Muskeln bewirken das Beugen und Strecken des Unterschenkels.

Muskeln können sich zusammenziehen. Dabei werden sie dicker. Das kannst du ertasten, wenn du eine Hand auf einen Oberschenkel legst und den Unterschenkel streckst. Der Beugemuskel liegt auf der Hinterseite des Oberschenkels. Wenn sich der Beugemuskel zusammenzieht, wird der Unterschenkel gebeugt. Wenn

2 Bewegungsablauf bei einer Rolle vorwärts

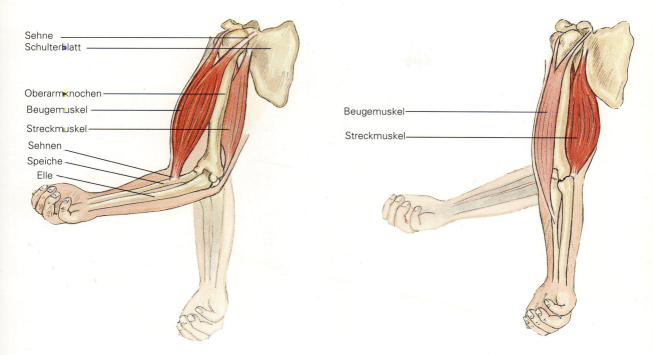

3 Beuge- und Streckmuskel am Arm

sich der Streckmuskel auf der Vorderseite des Oberschenkels zusammenzieht, wird der Unterschenkel gestreckt. Beuge- und Streckmuskel wirken paarweise zusammen. Wenn sich der eine der beiden Muskeln zusammenzieht, wird der andere gedehnt. Man sagt, Beuge- und Streckmuskel sind **Gegenspieler**. Ein weiteres Beispiel dafür sind Beugemuskel und Streckmuskel der Unterarme (Bild 3). An seinen Enden wird ein Muskel schmaler und geht in die Sehnen über.

Mit **Sehnen** ist ein Muskel an Knochen befestigt. Sehnen sind kaum dehnbar. Wenn sich bei einer Bewegung ein Muskel zusammenzieht, sorgen Sehnen dafür, dass sich ein Knochen mitbewegt. Beugen und Strecken des Unterarms sind Beispiele für das **Zusammenwirken von Muskeln, Sehnen, Knochen und Gelenken** bei Bewegungen. Der Unterarm wird gebeugt, wenn sich der Beugemuskel auf der Unterseite des Oberarms verkürzt. Gleichzeitig wird beim Beugen der Streckmuskel gedehnt.

Wenn Muskeln stark beansprucht werden, ermüden sie. Dann fallen die Bewegungen zunehmend schwerer. Durch regelmäßiges Bewegungstraining wird die Ausdauer erhöht.

> Viele Muskeln arbeiten als Gegenspieler. Sehnen verbinden Muskeln und Knochen. Bei Bewegungen wirken Muskeln, Sehnen, Knochen und Gelenke zusammen.

Milch stärkt Knochen und Muskeln

Besonders während des Wachstums benötigt der Körper von Kindern und Jugendlichen bestimmte Stoffe, die für den Aufbau von Knochen und Muskeln nötig sind. Milch und Milchprodukte enthalten viele dieser Stoffe. Eine ausgewogene Kost mit frischem Gemüse, Obst und mit einem ausreichenden Anteil an Milch und Milchprodukten stärkt Knochen und Muskeln.

4 Bewegung beim Menschen

4.3 Gelenk- und Haltungsschäden

Kopf, Hals 16%

Hand, Unterarm, Ellenbogen 32%

Rumpf, Becken 11%

Knie, Fuß, Unterschenkel 26%

Sonstige 15%

Mit 65 % aller Knochenbrüche sind Unterarm und Hand besonders häufig von schweren Verletzungen betroffen.

1 *Verletzte Körperregionen beim Inline-Skaten*

1 Welche Empfehlungen für sicheres Inline-Skaten würdest du jemanden geben, der mit dem Sport anfangen möchte (Bild 1)? Besprecht eure Empfehlungen

2 Beschreibe den Unterschied zwischen Verstauchung und Verrenkung.

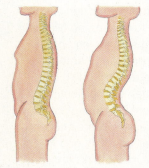

2 *Normale (links) und kranke Wirbelsäule (Hohlrücken)*

Gelenkschäden. Gelenke können besonders leicht verletzt werden, wenn man sie plötzlich stark beansprucht. **Verstauchungen** gehören zu den häufigsten Verletzungen von Gelenken. Dabei werden Sehnen und Bänder eines Gelenks überdehnt. Das vorgewölbte Ende des einen Knochens, der Gelenkkopf, springt für kurze Zeit aus der Vertiefung des anderen Knochens, der so genannten Gelenkpfanne, heraus. Der Gelenkkopf kehrt meist gleich in seine alte Lage zurück. Blutergüsse im Gelenk und Zerrungen der Gelenkbänder können Folgen einer Verstauchung sein. Bei einer **Verrenkung** bleibt der Gelenkkopf außerhalb der Gelenkpfanne und die Gelenkbänder sind eingerissen. Am häufigsten wird das Schultergelenk ausgerenkt. Das kann zum Beispiel geschehen, wenn jemand auf den ausgestreckten Arm stürzt. Die Gelenkpfanne des Schultergelenks ist sehr flach. Daher kann der große, runde Gelenkkopf des Oberarms leicht herausgedrückt werden. Regelmäßige Bewegungen in der Freizeit und auch Bewegungspausen in der Schule fördern die Gelenkigkeit und stärken die Gelenke.

Haltungsschwächen und **Haltungsschäden** sind Erkrankungen der Wirbelsäule und der Muskeln, die die Wirbelsäule in ihrer normalen Form halten. Dadurch verändert sich die Körperhaltung. Schmerzen in Nacken, Schultern und Rücken können eine Folge von Haltungsschwächen sein. Wenn die Wirbelsäule so verbogen ist, dass ein Rundrücken oder ein Hohlrücken entstanden ist, spricht man von einem Haltungsschaden (Bild 2). Auch seitliche Verkrümmungen der Wirbelsäule sind häufig.

Haltungsschwächen und Haltungsschäden können zum Beispiel durch eine ständig falsch getragene Schultasche oder durch falsche Sitzhaltung gefördert werden. Heutzutage verbringen Kinder, Jugendliche und Erwachsene viele Stunden in Sitzhaltung, zum Beispiel vor dem Bildschirm. Bewegungsmangel ist die häufigste Ursache von Haltungsschwächen und Haltungsschäden. Wenig beanspruchte Muskeln werden schwächer. Die Wirbelsäule wird durch zahlreiche Bänder und Muskeln und durch die Rücken- und Bauchmuskulatur stabil gehalten. Wenn sich Muskeln und Bänder lockern oder überbeansprucht werden, kann sich die Form der Wirbelsäule ändern (Bild 2). Häufig sind dann andere Muskeln besonders stark beansprucht. Das kann zu schmerzhaften Verspannungen führen. Wenn sich einzelne Wirbel lockern oder schief stellen, werden die Bandscheiben besonders beansprucht. Solchen Rückenschäden kann man vorbeugen. Vielseitige und regelmäßige Bewegungen stärken die Muskeln und Bänder und halten die Wirbelsäule in Form.

Gequälte Füße? Die Füße tragen bei aufrechter Haltung die ganze Körpermasse und sind daher besonderen Belastungen ausgesetzt. Zahlreiche kleine Knochen bilden die Form des Fußes (Bild 3). Schwache Fußmuskeln können zu Fußschäden führen. Von einem Plattfuß spricht man, wenn der Fuß mit der ganzen Sohle den Boden berührt. Ein Hohlfuß liegt dann vor, wenn der Fußabdruck in der Mitte nur sehr schmal ist. Bewegungsmangel, falsches Schuhwerk, häufiges Stehen und Übergewicht fördern Fußschäden. Durch Gedankenlosigkeit quälen manche ihre Beine und Füße täglich (Bild 4).

> Gelenkschäden, Haltungsschwächen und Haltungsschäden sowie Fußschäden können durch einseitige Belastungen und durch Bewegungsmangel hervorgerufen werden. Regelmäßige Bewegungsübungen stärken Muskeln, Sehnen und Gelenke.

3 Nenne mögliche Ursachen für die Entstehung von Haltungsschäden (Bild 2).

4 Beschreibe Bild 4. Wodurch werden Füße besonders belastet?

5 Es wird empfohlen, dass eine Schultasche mit Inhalt höchstens ein Zehntel der Körpermasse der Schülerin oder des Schülers wiegen soll. Wiegt jemand zum Beispiel 45 Kilogramm, sollte die Schultasche höchstens 4,5 Kilogramm wiegen. Stelle dein Gewicht und das Gewicht deiner gefüllten Schultasche fest. Vergleiche die Messwerte mit der Empfehlung. Sprecht über Möglichkeiten den Inhalt der Schultasche so zu verringern, dass die Empfehlung eingehalten wird.

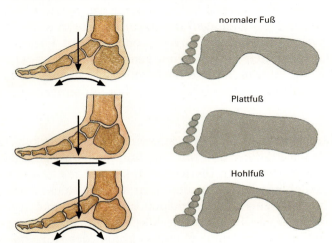

3 Gesunde und geschädigte Füße

4 Quälgeister am Werk

4 Bewegung beim Menschen

4.4 Fit durch Bewegung

1 *Sport und Spiel*

1 Stelle möglichst viele Vermutungen darüber an, warum sich die in Bild 1 dargestellten Personen körperlich und sportlich betätigen.

Menschen haben verschiedene Gründe, sich bei Spiel und Sport zu bewegen (Bild. 1). Die meisten fühlen sich wohl, wenn sie bei körperlichen Anstrengungen ihren Körper spüren. Außerdem finden sie es gut, etwas für ihre Gesundheit und Fitness zu tun. Manche Menschen mögen lieber gemeinsam mit anderen Menschen Sport treiben, andere besser für sich alleine. Bei Wettbewerben spielt es eine wichtige Rolle, sich mit anderen zu vergleichen.

Durch regelmäßiges Bewegungstraining werden Muskeln, Bänder und Sehnen kräftiger und die Durchblutung wird gefördert. Das Skelett wird gelenkiger, die Knochen werden fester und Gelenkverletzungen werden vermieden. Eine kräftige Rückenmuskulatur wirkt bestimmten Haltungsschäden und Erkrankungen der Wirbelsäule entgegen. Regelmäßige körperliche Anstrengungen fördern auch die Leistungsfähigkeit der Lunge, des Herzens und des Blutkreislaufs.

Mangel an Bewegung kann eine wichtige Ursache für Übergewicht sein. Wer längere Zeit mit der Nahrung mehr Energie aufnimmt als der Körper benötigt, fördert Übergewicht. Viele Menschen leiden heute an Bewegungsmangel. Manche von ihnen bevorzugen auch in ihrer Freizeit Tätigkeiten, die keine oder nur geringe körperliche Aktivität verlangen.

Ausdauer, Kraft, Schnelligkeit und Beweglichkeit sind körperliche Fähigkeiten des Menschen. In der Geschichte der Menschheit spielten diese Fähigkeiten für das Überleben eine große Rolle.

| Um gesund zu bleiben, müssen sich Menschen ausreichend bewegen.

2 Schreibe die Namen folgender Sportarten untereinander auf: Aerobic, Basketball, Bergwandern, Eislaufen, Fußball, Gymnastik, Jogging, Radfahren, Schwimmen, Skilanglauf, Squash, Tanzen, Tennis, Tischtennis, Wandern. Welche Sportarten fördern besonders a) die Ausdauer, b) die Kraft, c) die Schnelligkeit, d) und welche drei die Beweglichkeit? (Mehrfachnennungen möglich). Vergleicht die Ergebnisse eurer Einschätzung.

3 Bild 2 zeigt das Ergebnis einer Befragung unter Schülern und Schülerinnen unterschiedlichen Alters. Die Befragten konnten mehrere Antworten geben. Lesebeispiel: Auf die Frage „Was machst du in deiner Freizeit am liebsten?" antworteten von hundert Schülern im Alter von 13 bis 14 Jahren 60 mit „Schwimmen".
a) Werte die Abbildung 2 zunächst nach Jungen und Mädchen getrennt aus und anschließend im Vergleich Jungen – Mädchen. Formuliere schließlich fünf Ergebnissätze zu deiner Auswertung.
b) Beschreibe die Bedeutung von Bewegung, Spiel und Sport in den Freizeitaktivitäten der Befragten in der Altersgruppe, zu der du gehörst? Nenne mögliche Gründe dafür.

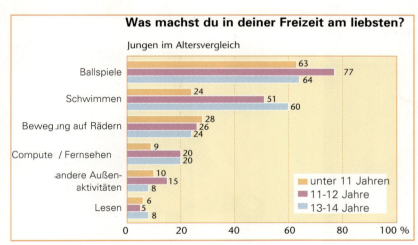

2 Befragung zum Freizeitverhalten (Mehrfachnennungen möglich)

5 Verkehrsmittel Fahrrad

5.1 Gefahren auf nasser Fahrbahn

1 Laub, Sand, Wasser und Schnee auf der Fahrbahn

1 Worauf sollte ein Radfahrer achten, a) wenn es zu regnen beginnt, b) wenn Rollsplitt auf der Straße liegt, c) wenn die Straße verschmutzt ist?

2 Betrachte Bild 1. Beschreibe mögliche Gefahren. Wie kannst du deine Fahrweise anpassen?

Klaus will noch schnell zu seinem Freund Christian. Klaus nimmt sein Fahrrad und tritt kräftig in die Pedale. Auf den ersten zweihundert Metern wird er immer schneller. Das Schnellerwerden nennt man **Beschleunigen**.

Klaus muss vor der nächsten Kreuzung abbremsen, weil die Ampel auf Rot steht. Dabei kommt er ins Rutschen, da nasses Laub auf der Fahrbahn liegt. Der Reifen hat beim **Bremse**n die nötige Haftung auf der Fahrbahn verloren. Man sagt, dass die Reibung zwischen Reifen und Straße dann zu gering ist. Das geschieht leicht, wenn es nass ist, wenn feuchtes Laub, Schnee oder Sand auf der Fahrbahn liegen (Bild 1). Besonders im Herbst und im Winter sind Radfahrer dadurch gefährdet. Unfälle durch Ausrutschen sind dann häufig. Man sollte bei schwierigen Straßenbedingungen langsamer fahren und vorsichtig abbremsen.

Wird der Griff der Handbremse am Fahrrad betätigt, werden die Bremsklötze der Felgenbremse gegen die Metallfelgen gepresst (Bild 2). Je stärker sie angepresst werden, desto größer ist die Reibung zwischen Bremsklötzen und Felgen. Auf trockener Fahrbahn ist die Haftung gut, die Geschwindigkeit wird rasch geringer. **Der Bremsweg ist kurz**. Wenn man auf nasser Fahrbahn stark abbremst, kann man ins Rutschen kommen. **Der Bremsweg wird länger**.

2 Felgenbremse

Bergab kann die Geschwindigkeit mit dem ungebremsten Fahrrad schnell 40 Kilometer pro Stunde und mehr werden. Bei einer Geschwindigkeit von 40 Kilometer pro Stunde beträgt der Bremsweg des Fahrrades auf trockenem Asphalt ungefähr 11 Meter. Auf nassem Asphalt ist der Bremsweg einige Meter länger.

Auch Autos haben auf nasser Fahrbahn einen längeren Bremsweg. Dies ist besonders gefährlich, weil Autos schneller fahren als Fahrräder. Wenn du mit dem Fahrrad unterwegs bist und die Fahrbahn nass ist, solltest du besonders die von Autos ausgehenden Gefahren berücksichtigen.

Radfahrer sollten immer einen Helm tragen

Bei Unfällen von Radfahrern wird am häufigsten von allen Körperteilen der Kopf verletzt.

Wenn die Fahrbahn nass ist oder wenn Laub, Eis, Schnee, Sand oder Splitt auf der Fahrbahn liegen, kannst du leicht mit dem Fahrrad ausrutschen. Fahre dann langsamer und bremse vorsichtig ab.

1. Bremsen auf trockener und nasser Fahrbahn

a) Schiebe dein Fahrrad mit gebremstem Vorderrad nacheinander über trockenen Asphalt und feuchten Rasen. Auf welchem Untergrund geht es leichter?

b) Fahre mit gleichmäßiger Geschwindigkeit über die trockene Teststrecke. Bremse am Ziel zunächst mit beiden Bremsen, beim nächsten Mal nur mit der Hinterradbremse ab. Wie ändert sich der Bremsweg?

c) Führe diesen Versuch nun auf dem nassen Rasen durch.

5 Verkehrsmittel Fahrrad

5.2 Geschwindigkeiten schätzen und vergleichen

Geschwindigkeiten schätzen. Die Zahl 30 auf dem Verkehrsschild vor der Schule zeigt an, dass hier höchstens mit einer Geschwindigkeit von 30 Kilometern pro Stunde gefahren werden darf (Bild 1). Durch die geringe Geschwindigkeit sollen alle Verkehrsteilnehmer geschützt werden. Am **Tachometer** kann die Geschwindigkeit abgelesen werden (Bild 2 und 3). Abgekürzt für Kilometer pro Stunde steht dort km/h. Die Anzeige 30 km/h bedeutet, dass ein Fahrzeug in einer Stunde 30 Kilometer zurücklegt, wenn es gleichmäßig ununterbrochen mit dieser Geschwindigkeit fährt.

Die Schülerinnen und Schüler der Klasse 5a wollen überprüfen, ob sich die vorbeifahrenden Fahrzeuge an diese Geschwindigkeitsbegrenzung halten. Zunächst beobachten sie die Fahrzeuge vom Bürgersteig aus und schätzen die Geschwindigkeiten der Fahrzeuge. Doch schnell bemerken sie, dass ihre geschätzten Werte unterschiedlich ausfallen. Es ist sehr schwierig, die Geschwindigkeit richtig einzuschätzen. Auf dem Sportplatz wollen sie die Geschwindigkeit von Fahrrädern schätzen.

Mit einem Bandmaß messen sie eine gerade „Teststrecke" von 50 Metern aus und markieren den Anfang und das Ende. Zunächst starten Sabine und Felix, um mit gleich bleibender Geschwindigkeit eine Teststrecke zu durchfahren. Wenn sie beide gleichzeitig losfahren und immer nebeneinander herfahren, sind sie gleich schnell. Sie haben dann die **gleiche Geschwindigkeit**. An ihren Fahrradtachometern kontrollieren sie ständig, ob sie die Geschwindigkeit einhalten (Bild 3).

Die anderen Schülerinnen und Schüler stehen neben der Strecke, schätzen die Geschwindigkeiten und tragen die Werte in eine Tabelle ein. Anschließend vergleichen sie die geschätzten Werte mit den Angaben der Radfahrer.

1 Geschwindigkeitsbegrenzung vor der Schule

2 Tachometer im Auto

3 Tachometer am Fahrrad

Geschwindigkeiten schätzen

Mehrere Radfahrer fahren nacheinander mit gleich bleibender Geschwindigkeit über eine festgelegte Wegstrecke, zum Beispiel 50 Meter.
Schätze, wie viele Meter die Radfahrer in einer Sekunde zurücklegen. Übertrage die Tabelle in dein Heft. Trage deine Schätzung in die Tabelle ein. Lies in der nebenstehenden Tabelle ab, welcher Geschwindigkeit deine Schätzung entspricht. Vergleiche sie mit den Tachometerangaben der Radfahrer.

Zurückgelegte Meter pro Sekunde	entspricht ungefähr ...... km/h
1	4
2	7
3	11
4	14
5	18
6	22
7	25
8	29
9	32
10	36
11	40
12	43
13	47
14	50
15	54
20	72

Wie viele Meter in der Sekunde (geschätzt)	Entsprechende Geschwindigkeit in km/h	Tachometerangabe der Radfahrer
4 Meter	14 km/h	15 km/h
?	?	?
?	?	?

Die Angabe der Geschwindigkeit in Meter pro Sekunde (m/s) erleichtert das richtige Einschätzen von Geschwindigkeiten. Sie beschreibt, wie lang der Weg in Metern in jeder Sekunde ist. Wenn du in jeder Sekunde einen Meter zurücklegst, beträgt deine Geschwindigkeit 1 m/s. Ein Läufer, der für die 100 m Strecke 10 Sekunden benötigt, kommt in einer Sekunde 10 m weit. Seine Geschwindigkeit beträgt 10 m/s. Aus Bild 5 kannst du ablesen, dass der Pkw bei gleich bleibender Geschwindigkeit von 40 km/h in jeder Sekunde etwa 11 m zurücklegt. Bei einer Geschwindigkeit von 50 km/h sind es schon 14 m in jeder Sekunde. Je höher die Geschwindigkeit ist, desto länger ist der in einer bestimmten Zeit zurückgelegte Weg.

| Die Einheit der Geschwindigkeit ist 1 Meter pro Sekunde (1m/s) oder 1 Kilometer pro Stunde (1 km/h).

1 Meter (1m)
1000 Meter = 1 Kilometer (1 km)

1 Sekunde (1s)
1 Stunde (1h) = 3600 s

1 Meter pro Sekunde = 1m/s
1 Kilometer pro Stunde = 1 km/h

4 Einheiten für Länge, Zeit und Geschwindigkeit

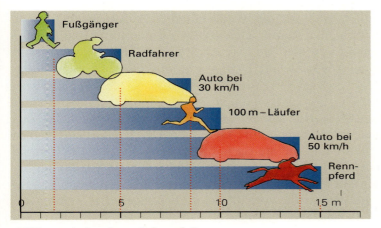

5 Wie weit in einer Sekunde?

1 Plane einen Versuch, um die Geschwindigkeit von Radfahrern zu bestimmen.

2 Beantworte mithilfe von Bild 5
a) Welche Strecke durchfährt der Radfahrer in einer Sekunde?
b) Welche Strecke legt ein Pkw in einer Sekunde bei einer Geschwindigkeit von 50 km/h (30 km/h) zurück?

5 Verkehrsmittel Fahrrad

5.3 Zusammenhang von Weg und Zeit

Zeit für die 50 m Strecke in Sekunden	Geschwindigkeit in km/h
1	180
2	90
3	60
4	45
5	36
6	30
9	20
10	18
12	15
15	12
18	10

1 Gemessene Zeit und Geschwindigkeit

2 Um die Wette fahren

Wer ist der schnellste Radfahrer? Um das herauszufinden, wollen die Schülerinnen und Schüler auf dem Sportplatz eine Wettfahrt durchführen. Die Bedingung für die Teilnahme an den Versuchen ist ein verkehrssicheres Fahrrad. Deshalb werden vor Beginn der Wettfahrt alle Fahrräder kontrolliert. Außerdem besteht Helmpflicht.

Zunächst wird auf dem Schulhof oder Sportplatz eine Wegstrecke von 50 Metern mit einem Bandmaß ausgemessen.

Geschwindigkeiten vergleichen. Zunächst wird auf dem Schulhof oder Sportplatz eine „Teststrecke" wie in Bild 2 festgelegt. Jetzt wollen alle „um die Wette fahren". In der ersten Gruppe starten Tina und Martin gleichzeitig. Beide sind bemüht möglichst schnell zu sein und treten kräftig in die Pedale. Martin kommt zuerst am Ziel an. Er fuhr mit der größeren Geschwindigkeit.

Als nächstes starten Sabine und Felix. Sabine erreicht das Ziel vor Felix. Damit Sabine ihre Geschwindigkeit mit allen anderen vergleichen kann, müsste sie mit jedem um die Wette fahren. Es ist praktischer, wie beim Sport die Zeiten für die Strecke zu bestimmen. Mit einer Stoppuhr messen sie die Zeit, die die Radfahrer für die Wegstrecke von 50 Metern benötigen. Die Zeiten werden in eine Tabelle eingetragen

1 Ergänze die folgenden Sätze:
– Je länger die Zeit für eine bestimmte Strecke ist, desto ...
– Je geringer die Zeit für eine bestimmte Strecke ist, desto ...
– Je geringer die Geschwindigkeit ist, desto ...
– Je größer die Geschwindigkeit ist, desto ...
– Je kürzer der Weg ist, der in einer bestimmten Zeit durchfahren wird, desto ...
– Je länger der Weg ist, der in einer bestimmten Zeit durchfahren wird, desto ...

3 Messungen an der Spielzeugeisenbahn

gleiche Fahrstrecke 1 Meter:	
1. Zug	14 s
2. Zug	10 s
gleiche Fahrzeit 5 Sekunden:	
1. Zug	80 cm
2. Zug	60 cm
gleiche Geschwindigkeit:	
Zeit 2 s	Weg 24 cm
Zeit 4 s	Weg 48 cm

4 Messergebnisse

Je geringer die gestoppte Zeit für die Teststrecke ist, desto höher ist die Geschwindigkeit. Du kannst diesen Zusammenhang auch anders herum formulieren: Je länger die Zeit bei gleicher Wegstrecke ist, desto geringer ist die Geschwindigkeit. Da sie alle die gleiche Strecke gefahren sind, benötigt der Sieger für die Strecke die geringste Zeit.

Um die Geschwindigkeit der Fahrzeuge vor der Schule zu bestimmen, legen die Schülerinnen und Schüler am Fahrbahnrand eine Strecke von 50 m fest. Mit der Stoppuhr messen sie die Zeit, die die vorbeifahrenden Fahrzeuge für diese Strecke benötigen. Für die Umrechnung verwenden sie die Tabelle in Bild 1.

Bei einer erlaubten Höchstgeschwindigkeit von 30 km/h darf die Zeit für die 50-Meter-Strecke nicht unter 6 Sekunden liegen. Wenn die Fahrzeuge für diese Strecke weniger als 6 s benötigen, dann fahren sie schneller als erlaubt.

> Bei gleicher Strecke: Je kürzer die benötigte Zeit ist, desto größer ist die Geschwindigkeit.
>
> Bei gleicher Zeit: Je länger die zurückgelegte Wegstrecke ist, desto größer ist die Geschwindigkeit.
>
> Bei gleich bleibender Geschwindigkeit: Je länger die Zeit ist, desto länger ist auch die Wegstrecke.

Einheit: 1 Sekunde (1 s)

1 Stunde (1 h) = 3600 s

5 Einheiten für Zeit

2 Forme die Merksätze um. Beginne so:
– Je länger die Zeit ...
– Je kürzer der Weg ...
– Je kürzer die Zeit ...

3 Wie weit fährt ein Auto in einer Sekunde, wenn es in 4 Sekunden eine Strecke von 20 Metern zurücklegt?

4 Du siehst in Bild 4 einige Messergebnisse von Versuchen mit der Spielzeugeisenbahn. Formuliere anhand dieser Ergebnisse drei Je-desto-Sätze.

5 Verkehrsmittel Fahrrad

1 Elektrischer Stromkreis

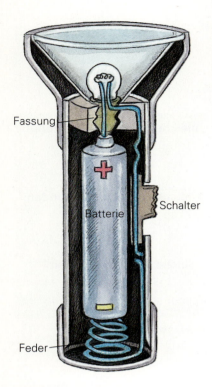

2 Stromkreis in einer Taschenlampe

5.4 Der elektrische Stromkreis

Wenn du eine Glühlampe wie im Versuch 1 zum Leuchten bringen willst, musst du die eine Kontaktstelle am Fuß der Glühlampe fest gegen den einen Anschlussstreifen der Batterie drücken. Die Anschlussstellen der Batterie nennt man auch Pole. Der andere Anschlussstreifen der Batterie wird fest an das Gewinde der Lampe gedrückt. Bei Batterien ohne Anschlussstreifen kann die Lampe mit der Kontaktstelle am Fuß auf den einen Pol der Batterie gedrückt werden. Mit einem Kabel wird das Gewinde der Lampe mit dem anderen Pol der Batterie verbunden. Ein elektrischer Strom fließt nur, wenn der Weg von einem Anschluss der Stromquelle über die Verbindungsleitungen durch das Gerät hindurch ohne Unterbrechung zum anderen Anschluss führt. Man spricht in diesem Fall von einem **geschlossenen Stromkreis**. Mit einem Schalter kann der Stromkreis unterbrochen und geschlossen werden. Schalter schließen oder öffnen einen Stromkreis (Bild 1, 2).

V

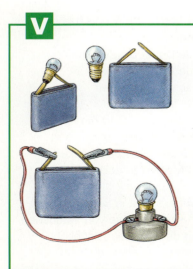

1. Wie bringt man die Lampe zum Leuchten?
Bringe eine Glühlampe zum Leuchten. Probiere unterschiedliche Möglichkeiten aus. Beschreibe, wie die Lampe jeweils angeschlossen sein muss, damit sie leuchtet.

2. Eine Fassung zum besseren Halt
Drehe die Lampe in die Fassung und schließe sie mit Verbindungskabeln an eine Batterie an.

3. Ein Schalter im Stromkreis
Baue einen Stromkreis mit einer Batterie, einer Lampe und Kabeln so auf, dass die Lampe leuchtet. Füge einen Schalter in den Stromkreis ein. Beschreibe die Stellung des Schalters, wenn die Lampe leuchtet.

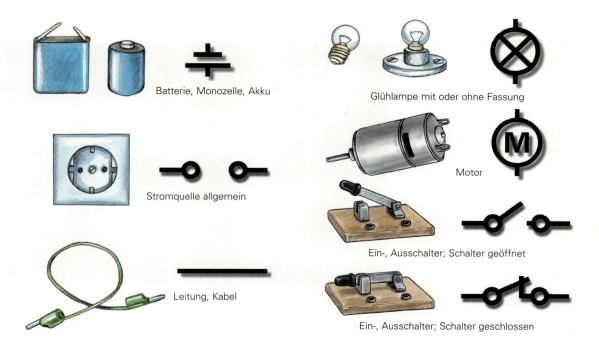

3 *Elektrische Bauteile und ihre Schaltzeichen*

Bevor ein Stromkreis aufgebaut wird, sollte man in einer einfachen Zeichnung darstellen, wie die einzelnen Bauteile miteinander verbunden werden. Damit das Zeichnen von Stromkreisen einfacher geht, werden die einzelnen Bauteile durch international vereinbarte **Schaltzeichen** dargestellt (Bild 3). Die Schaltzeichen stellen viele Einzelheiten der elektrischen Geräte nicht mehr dar. So kann aus dem Schaltzeichen für eine Lampe nicht entnommen werden, ob die Lampe klein oder groß ist und in einer Fassung steckt oder nicht. Die Leitungen werden durch gerade Linien dargestellt, auch wenn sie mitunter im Kreis angeordnet sind.

> Man spricht von einem geschlossenen Stromkreis, wenn eine Leitung von einer Stromquelle zu einem elektrischen Gerät und eine zweite Leitung vom elektrischen Gerät wieder zur Stromquelle zurück besteht.

1 Zeichne, wie eine Glühlampe an eine Batterie angeschlossen wird, damit sie leuchtet. Markiere den Stromkreis farbig.

2 Gib mögliche Ursachen an, wenn in einem Stromkreis mit Lampe, Fassung, Batterie, Schalter und Kabeln die Lampe nicht leuchtet.

3 Beschreibe den Stromkreis der Taschenlampe in Bild 2.

4 Zeichne den Schaltplan eines Stromkreises, der aus Stromquelle, Fassung, Lampe, Schalter und Kabeln besteht.

5 Zeichne einen Schaltplan für einen Versuch, bei dem ein Motor ein- und ausgeschaltet werden soll.

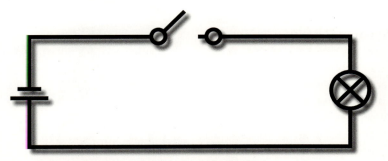

4 *Der elektrische Stromkreis als Schaltplan*

5 Verkehrsmittel Fahrrad

5.5 Die Fahrradbeleuchtung

> **T**
>
> **Fahrradbeleuchtung**
>
> Damit du beim Fahrradfahren nicht übersehen wirst, schalte bei Nebel, Dämmerung oder Dunkelheit stets die Beleuchtung deines Fahrrades ein! Benutze Reflektoren am Fahrrad und an der Kleidung. Batteriebetriebene Lampen dürfen nur zusätzlich als Beleuchtung am Fahrrad verwendet werden.

1 Gefährdung durch fehlende Beleuchtung

Bei Dämmerung und bei Dunkelheit wird man ohne Licht nur sehr schlecht gesehen oder sogar übersehen (Bild 1). Petra überprüft die Beleuchtung an ihrem Fahrrad. Leider leuchtet die vordere Lampe nicht. Sie untersucht Lampe und Dynamo genauer und kontrolliert zunächst, ob sich ein Kabel gelöst hat. Sie wundert sich. Nur ein Kabel verbindet den Dynamo mit dem Gehäuse der Lampe. Doch wie jedes andere elektrische Gerät benötigt auch die Lampe am Fahrrad einen geschlossenen Stromkreis, wenn sie leuchten soll. Sollte das der Grund sein, warum ihre Lampe nicht leuchtet?

V

1. Zwei Anschlussstellen der Fahrradlampe?

Verbinde den Kabelanschluss der Fahrradlampe mit einem Pol der Batterie. Verbinde den anderen Pol der Batterie mit dem zweiten Kabel nacheinander an den unterschiedlichen Stellen der Lampe. Beschreibe, wie du das zweite Kabel verbinden musst, damit die Lampe leuchtet. Zeichne den Versuch als geschlossenen Stromkreis.

2. Zwei Anschlussstellen des Dynamos?

Verbinde den Kabelanschluss des Dynamos bei deinem Fahrrad mit einem Anschluss der Lampe. Verbinde den anderen Anschluss der Lampe mit einem zweiten Kabel an den unterschiedlichen Stellen des Dynamos. Beschreibe, wie du das zweite Kabel anschließen musst, damit die Lampe leuchtet, wenn du das Vorderrad mit angelegtem Dynamo drehst. Zeichne den Versuch als geschlossenen Stromkreis.

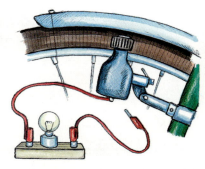

Der Stromkreis beim Fahrrad. Betrachte ein Fahrrad und verfolge die Anschlüsse der Fahrradlampe (Bild 2). Ein Kabel läuft vom Anschluss der Fahrradlampe nach unten zum Anschluss des Dynamos. Ein zweites Kabel kannst du nicht finden. Wenn die Fahrradlampe leuchten soll, müsste aber noch ein zweites Kabel zum Dynamo laufen. Beim Öffnen der Fahrradlampe zeigt sich, dass das Kabel vom Dynamo mit dem Fußkontakt der Glühbirne verbunden ist. Der zweite Anschluss der Glühbirne, das Gewinde, ist mit dem Lampengehäuse verbunden. Von dort wird der Strom durch die Lampenhalterung, durch den Lenker und durch den Fahrradrahmen zum Dynamo geleitet. Diese Gegenstände sind aus Metall. Sie können den elektrischen Strom leiten. Metalle sind **Leiter**. Der Lenker und der Rahmen des Fahrrades sind Teile des Stromkreises. Teile des Fahrrades, die aus Kunststoff oder Gummi bestehen, leiten den Strom nicht. Man bezeichnet sie daher als **Nichtleiter**.

Auch die Rückleuchte ist nur durch ein Kabel mit dem Dynamo verbunden. Mit der Befestigungsschraube der Rückleuchte wird der Kontakt zum Schutzblech hergestellt. Der Fahrradrahmen ist auch für diese Lampe ein Teil des Stromkreises. Er schließt den Stromkreis zwischen Dynamo und Rückleuchte.

> Der Metallrahmen des Fahrrades leitet den elektrischen Strom. Er ersetzt ein Kabel des Stromkreises. Die Kunststoff- und Gummiteile am Fahrrad sind Nichtleiter.

3. Leiter und Nichtleiter

Baue einen Stromkreis mit Batterie, Lampe und Kabeln auf, mit dem du untersuchen kannst, welche Gegenstände den Strom leiten.
Stelle die Ergebnisse in einer Tabelle zusammen.

	leitet	leitet nicht
Nagel	?	?
Büroklammer	?	?
Gummiband	?	?
Trinkhalm	?	?
………?	?	?
………?	?	?

2 Stromkreise am Fahrrad

G Bewegung

Eine Stunde hat 60 Minuten:
1 h = 60 min

1 Minute hat 60 Sekunden:
1 min = 60 s

Zeit
Die Zeit wird in Stunden (h), Minuten (min) oder in Sekunden (s) gemessen.

Ein Kilometer hat 1000 Meter:
1 km = 1000 m

Der Weg
Der Weg wird in Metern (m) oder in Kilometern (km) gemessen.

Bewegung - Fortbewegung

Die Geschwindigkeit
gibt an, welchen Weg ein Körper in einer bestimmten Zeit zurücklegt. Die Einheit der Geschwindigkeit ist Kilometer pro Stunde (km/h). Häufig wird die Geschwindigkeit auch in Metern pro Sekunde (m/s) angegeben.

Fortbewegung mit dem Fahrrad

Fahrradbeleuchtung

Stromkreis
Zu einem einfachen Stromkreis gehören eine Spannungsquelle, ein elektrisches Gerät, Kabel zur Verbindung und ein Schalter.

Bei **gleicher Zeit:** Je länger die zurückgelegte Wegstrecke, desto größer die Geschwindigkeit.

Bei **gleicher Strecke:** Je kürzer die Zeit, desto größer die Geschwindigkeit.

Schaltplan
In Schaltplänen werden die Bauteile des Stromkreises mit Schaltzeichen dargestellt.

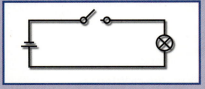

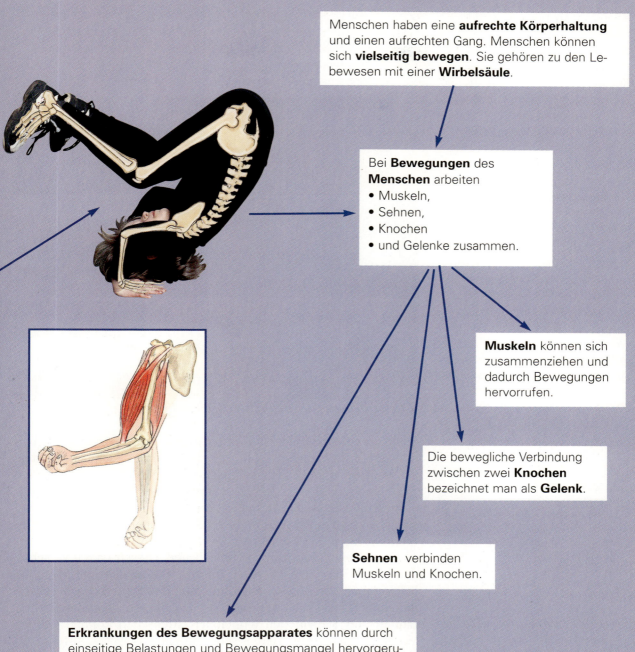

Menschen haben eine **aufrechte Körperhaltung** und einen aufrechten Gang. Menschen können sich **vielseitig bewegen**. Sie gehören zu den Lebewesen mit einer **Wirbelsäule**.

Bei **Bewegungen** des **Menschen** arbeiten
- Muskeln,
- Sehnen,
- Knochen
- und Gelenke zusammen.

Muskeln können sich zusammenziehen und dadurch Bewegungen hervorrufen.

Die bewegliche Verbindung zwischen zwei **Knochen** bezeichnet man als **Gelenk**.

Sehnen verbinden Muskeln und Knochen.

Erkrankungen des Bewegungsapparates können durch einseitige Belastungen und Bewegungsmangel hervorgerufen werden.

- Zu den Gelenkschäden gehören Verstauchungen und Verrenkungen.
- Haltungsschwächen und Haltungsschäden sind Erkrankungen der Wirbelsäule und derjenigen Muskeln, die die Wirbelsäule in Form halten.

Regelmäßige Bewegung fördert eine gesunde Körperhaltung.

Wiederholen, Üben, Anwenden, Vertiefen

1 Vielseitige Bewegungen beim Menschen

a) Lies den Informationstext zu Aufgabe 1, schlage dann das Buch zu und gib die wesentlichen Aussagen des Informationstextes mündlich wieder.

b) Vergleiche die Bewegungsmöglichkeiten von Mensch, Hund, Taube und Forelle. Nenne wenigstens zehn verschiedene Beispiele für Bewegungen, die allein der Mensch ausführen kann.

c) Menschen haben verschiedene technische Hilfsmittel für Bewegungen erfunden, zum Beispiel das Fahrrad, die Skier oder eine Pinzette. Suche weitere Beispiele. Beschreibe, welche Bedeutung diese Hilfsmittel für Bewegungen des Menschen haben.

d) Suche für Bild 1 eine passende Unterschrift. Diskutiert eure Vorschläge.

2 Stelle dir vor, du bist mit deinen Mitschülerinnen und Mitschülern dafür zuständig, einen Geschwindigkeitswettbewerb von Tieren und Menschen durchzuführen. Zu euren Aufgaben gehört es, die Teilnehmer in Wettkampfgruppen einzuteilen und für einen fairen Wettbewerb zu sorgen. Als Information stehen dir und deinem Team die Angaben in Bild 3 zur Verfügung.

1 Verschiedene Möglichkeiten der Fortbewegung

Hase: 60 km/h
Rennpferd: 25 m/s
Schmetterlingsraupe: 0,002 km/h
Maus: 8 km/h
Thunfisch: 70 km/h
Mensch (100 m Lauf): 9,9 m/sec
Forelle: 8 km/h
Maulwurf: 4 km/h
Wanderfalle (Sturzflug): 300 km/h
Wanderfalke: 28 m/s
Mensch (Schwimmen): 5 km/h
Fledermaus: 45 km/h
Gartenschnecke: 5 mm/s
Elster: 45 km/h
Wolf: 50 km/h
Blauwal: 20 km/h
Sperling 50 km/h
Gepard: 34 m/sec
Antilope: 80 km/h

2 Einige Rekordgeschwindigkeiten von Tieren und Menschen

Stelle dir einmal vor, es gäbe einen Wettbewerb, an dem Menschen und Tiere teilnehmen könnten. Sie würden sich im Laufen, Schwimmen und Fliegen vergleichen. Sieger im Laufwettbewerb wäre ein Gepard (Bild 1, 2). Er kann bei der Jagd nach Beute für kurze Zeit eine Geschwindigkeit von 110 Kilometern in der Stunde erreichen. Das sind etwas mehr als 3 Sekunden für 100 Meter. Der Weltrekord im 100-Meter-Lauf der Menschen liegt bei etwas unter 10 Sekunden. Auch im Schwimmen und Fliegen wären verschiedene Tiere Sieger (Bild 2). Der Thunfisch wäre vielleicht Sieger im Schwimmen. Er könnte allerdings nur am Schwimmwettbewerb teilnehmen. Ein Mensch dagegen könnte am Wettbewerb für Laufen und Schwimmen teilnehmen. Menschen können sich im Vergleich zu vielen Tieren sehr vielseitig bewegen. Menschen haben eine aufrechte Körperhaltung und einen aufrechten Gang. Vor allem mit den Armen und Händen können Menschen die unterschiedlichsten Bewegungen ausführen.

Wenn technische Hilfsmittel bei dem Wettbewerb zugelassen werden, wäre der Mensch in jedem Wettbewerb Sieger. Mithilfe von technischen Möglichkeiten haben Menschen ihre Möglichkeiten für Bewegungen umfangreich erweitert.

3 Informationstext zu Aufgabe 1

3 Martin fährt den Weg von zu Hause zur Schule mit dem Fahrrad. Die erste Stunde beginnt um 7.50 h. Der gesamte Schulweg beträgt 4000 Meter.

4 Überraschende Situation für Martin

a) Martin startet um 7.30 h. Wann erreicht er die Schule, wenn er durchschnittlich mit 10 km/h, mit 15 km/h oder mit 20 km/h fährt? Kommt Martin rechtzeitig zum Beginn der ersten Stunde an?

b) Martin fährt gerade mit einer Geschwindigkeit von 18 km/h (das sind 5 m/s) durch ein Wohngebiet, als 13 Meter vor ihm eine gefährliche Situation auftaucht. Die Reaktionszeit von Martin beträgt eine (zwei) Sekunden, der Bremsweg sechs Meter. Kommt Martin rechtzeitig zum Stehen? (Beachte bei der Lösung dieser Aufgabe die Angaben in Bild 5.)

4 Bild 6 zeigt eine Möglichkeit, um mithilfe eines 30 cm langen Lineals die Reaktionszeit zu messen.
Plane anhand von Bild 6 Versuche zur Messung der Reaktionszeit. Dabei sollen auch Durchschnittswerte aus mehreren Versuchen gebildet werden. Besprecht eure Vorschläge zur Versuchsdurchführung und führt die Versuche dann einheitlich durch.
Welche Bedeutung hat die Reaktionszeit im Straßenverkehr (Bild 4, 5)?

> Wenn man als Radfahrer in eine ähnliche Situation kommt, wie in Bild 4 dargestellt, geschieht meistens Folgendes:
> Von der Wahrnehmung der gefährlichen Situation bis zum Beginn des Bremsens vergeht die **Reaktionszeit**. In dieser Zeit fährt das Fahrrad ungebremst weiter. Der zurückgelegte Weg heißt **Reaktionsweg**. Sobald die Bremsen greifen, rollt das Fahrrad noch ein wenig, um dann zum Stehen zu kommen. Diesen Weg nennt man **Bremsweg**. Der Bremsweg hängt unter anderem von der zuvor gefahrenen Geschwindigkeit, von der Art des Straßenbelages und vom Profil der Reifen ab. Reaktionsweg und Bremsweg ergeben zusammen den Anhalteweg:
> **Reaktionsweg plus Bremsweg = Anhalteweg**

5 Der Anhalteweg

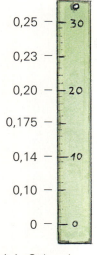

Zeit in Sekunden

6 Reaktionszeit-Messung. Die Angaben am Lineal geben die Reaktionszeit in Sekunden an. Lesebeispiel: Wenn jemand bei 30 cm das Lineal ergriffen hat, beträgt die Reaktionszeit 0,25 Sekunden.

Tiere und Pflanzen in unserer Umgebung

Die beiden Katzen auf diesem Bild sind erst wenige Wochen alt. Bei ihrer Geburt waren die Augen zunächst geschlossen. Jetzt schauen sie aufmerksam und neugierig. In den ersten Wochen ihres Lebens bekamen die Katzen Milch von der Mutter. Katzen, Hunde, Pferde, Schweine und Rinder säugen ihre Jungen nach der Geburt. Sie gehören zu der Gruppe der Säugetiere.

Katzen und Hunde sind Beispiele für Haustiere. Sie leben in enger Gemeinschaft mit Menschen und machen ihnen Freude. Rinder und Schweine sind Nutztiere. Sie liefern Nahrung für Menschen.

Haus- und Nutztiere sind auf die Pflege der Menschen angewiesen. Jedes Tier hat bestimmte Ansprüche, zum Beispiel an die Unterkunft, an die Ernährung und an die Bewegung. Wer ein Tier hält, übernimmt Verantwortung für die richtige Pflege und Versorgung des Tieres.

In der Umgebung deiner Schule leben verschiedene Pflanzen. Viele von ihnen gehören zu den Blütenpflanzen. Blüte, Blätter, Stängel und Wurzel einer Pflanze haben bestimmte Aufgaben. Die Blüten zum Beispiel dienen der Fortpflanzung. Aus Blüten können sich Früchte mit Samen bilden. Wenn ein Samen keimt, wächst eine neue Pflanze heran. Damit eine Pflanze heranwächst und gedeiht, müssen bestimmte Bedingungen erfüllt sein. Auch Pflanzen haben Ansprüche an ihre Umwelt. Das muss man für den sorgsamen Umgang und die Pflege von Pflanzen wissen.

6 Säugetiere in unserer Umgebung

6.1 Ein Hund in der Familie

1 Welpen

Stefan ist ganz aufgeregt. Zusammen mit seinen Eltern besucht er einen Hundezüchter. Nun sieht Stefan zum ersten Mal die Welpen, von denen er vielleicht einen bekommt (Bild 1). Vor einigen Wochen wurden die jungen Hunde von einer Hündin geboren. Zunächst waren die Welpen hilflos und konnten noch nicht sehen. Zwölf Tage nach der Geburt öffneten sich die Augen der jungen Hunde. Die Hündin säugt die Welpen ungefähr fünf Wochen lang. Ab der vierten Woche erhalten die jungen Hunde zusätzlich Welpenfutter. Im Alter von zehn Wochen will der Hundezüchter die jungen Hunde verkaufen. Bis dahin muss sich Stefan mit seinen Eltern darüber geeinigt haben, ob er einen von den Hunden halten kann.

Fragen vor dem Kauf eines Hundes. Stefan hat schon mehrfach den Wunsch geäußert einen Hund zu halten. Seine Eltern wollten sich nicht sofort entscheiden, sondern erst einmal in Ruhe darüber sprechen. Sie vereinbarten mit Stefan, dass ein Hund nur dann gekauft wird, wenn jeder in der Familie zustimmt.

Die Haltung eines Hundes bringt Freude, aber auch Verantwortlichkeit und manchmal auch Sorgen mit sich. Was ist, wenn der Hund krank wird? Hast du genug Zeit für den Hund? Was wird uns der Hund kosten? Das waren einige der Fragen, die Stefan mit seinen Eltern zu beantworten versuchte (Bild 2). Stefan war

---

Habe ich genug Zeit, den Hund mehrmals täglich auszuführen und zu pflegen?

Ist der Vermieter mit einem Hund in seinem Haus einverstanden?

Wer sorgt für den Hund, wenn ich im Urlaub bin?

Ist unsere Wohnung groß genug für das Tier?

Welche Ansprüche stellt das Tier? Braucht es zum Beispiel besonders viel Bewegung? Kann ich das Tier seinen Ansprüchen gemäß halten?

Ist die ganze Familie mit der Haltung des Hundes einverstanden?

Habe ich genug Geld für die Anschaffung, das Futter, die Hundesteuer und den Tierarzt?

Was mache ich, wenn der Hund nicht so ist, wie ich es mir erträumt habe? Bringe ich dann trotzdem die Geduld auf das Tier gut zu pflegen?

2 Fragen vor dem Kauf eines Hundes

sehr erstaunt, als er hörte, wie viel ein Hund im Laufe eines Jahres kosten kann (Bild 4).

Ansprüche eines Hundes an Haltung und Pflege. Stefan erkundigt sich beim Hundezüchter, worauf man bei der Haltung eines Hundes achten muss. „Tiere haben Ansprüche", antwortet der Hundezüchter, „egal, ob man sich einen Hund, einen Goldhamster oder Wellensittiche hält. Als Tierhalter muss man wissen, was ein Tier zum Leben und zum Wohlfühlen braucht."

Die Ansprüche sind je nach Tierart verschieden. Hunde laufen und bewegen sich gerne. Sie brauchen daher Platz und müssen viel Auslauf haben, besonders größere Hunde. Hunde sind gesellige Tiere, sie sind nicht gerne alleine. Man muss sich täglich Zeit für sie nehmen. Ein Hund ist kein Spielzeug, das man nach Belieben hervorholen und wegstellen kann. Hunde hören auf ihren Menschen und können lernen Anweisungen zu befolgen. Von klein auf muss der junge Hund lernen, was er darf und was er nicht darf. Das ist für ein gutes Zusammenleben wichtig (Bild 3).

3 Gut erzogener Hund

Stefan wird im Gespräch mit dem Hundezüchter deutlich, dass bei der Haltung eines Hundes vieles beachtet werden muss. Der Züchter beschließt das Gespräch: „Du und ich, wir beide wollen, dass der Hund ein gutes Zuhause bekommt. Bitte besprich das Ganze noch einmal mit deinen Eltern und sag mir in zwei Wochen Bescheid."

> Haustiere, zum Beispiel Hunde, haben bestimmte Ansprüche an Haltung und Pflege. Jeder Mensch, der ein Haustier hält, übernimmt eine große Verantwortung.

	Bernhardiner	Kleiner Münsterländer	Yorkshireterrier
Futter	900 €	450 €	228 €
Tierarzt	125 €	115 €	115 €
Steuer	75 €	75 €	75 €
Versicherung	80 €	80 €	80 €
Spielzeug, Leine	10 €	10 €	10 €
Pflegemittel	25 €	25 €	25 €
Vier Wochen Ferien in der Tierpension	375 €	340 €	300 €
Gesamtkosten pro Jahr	1.590 €	1.095 €	833 €

4 So viel kostet ein Hund pro Jahr

1 Nach dem Besuch beim Hundezüchter wollen Stefan und seine Eltern entscheiden, ob ein Hund angeschafft wird. Nenne Gründe, die für die Anschaffung eines Hundes sprechen könnten. Welche Gründe könnten dagegen sprechen?

2 Wenn du einen Hund zu Hause hast, berichte über den Hund. Was ist es für ein Hund? Was unternimmst du mit dem Hund? Wie wird der Hund gehalten und gepflegt? Welche besonderen Erlebnisse hattest du mit dem Hund?

3 Betrachte Bild 4. Berechne für jeden der angegebenen Hunde die Kosten, wenn das Tier in den Ferien in der Familie bleibt und nicht in eine Tierpension gegeben wird.

6 Säugetiere in unserer Umgebung

6.2 Hunde – Haustiere seit der Steinzeit

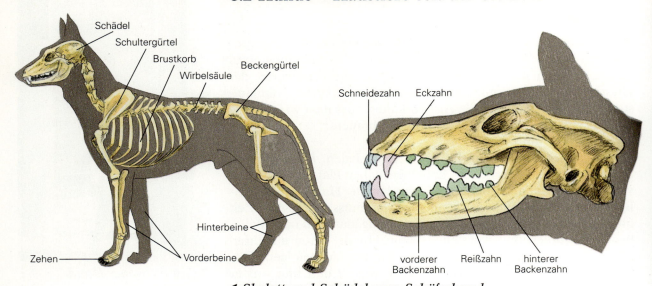

1 Skelett und Schädel vom Schäferhund

2 Knochen im Hinterbein eines Schäferhundes

1 Nenne Gemeinsamkeiten von Schäferhund und Wolf in Körperbau und Verhalten.

2 Welche Eigenschaften von Wachhunden, Spürhunden, Jagdhunden, Lawinenhunden und Blindenhunden werden von Menschen besonders geschätzt?

3 Was ist damit gemeint, wenn man sagt, der Mensch ist der „Leitwolf" eines Hundes?

Hunde sind beliebte Haustiere. Sie riechen und hören sehr gut. Hat ein Hund einmal eine Fährte aufgenommen, kann er sie stundenlang verfolgen, selbst wenn sie ein paar Tage alt ist.

Hunde können ausdauernd und schnell laufen. Mit den langen und kräftigen Hinterbeinen stößt sich der Schäferhund beim Laufen und Springen ab. Dabei tritt er nicht mit der ganzen Fußsohle auf, sondern nur mit den Zehen (Bild 1 und 2). Von unten sind die Zehen durch dicke, verhornte Ballen geschützt. Die langen Krallen an den Zehen ermöglichen, dass der Hund auch in abschüssigem und unwegsamem Gelände nicht ausrutscht. Der Körper eines Schäferhundes ist darauf eingerichtet, schnell und mit großen Sprüngen einer Beute hinterherzuhetzen.

Hunde sind Fleischfresser. Mit dem kräftigen Gebiss kann ein Schäferhund Knochen zerbeißen. Vorne im Ober- und Unterkiefer sitzen jeweils sechs scharfe Schneidezähne (Bild 1). Rechts und links der Schneidezähne folgt je ein dolchartiger Eckzahn. Die größten Backenzähne heißen Reißzähne. Wenn der Hund sein Maul schließt, gleiten die Reißzähne des Ober- und Unterkiefers wie die beiden Hälften einer Schere aneinander vorbei. Mit den Eckzähnen kann ein Hund seine Beute greifen, festhalten und töten. Mit den Reißzähnen werden Fleischstückchen abgetrennt. Mit den Schneidezähnen kann Fleisch von Knochen abgebissen werden.

Der Körperbau von Wolf und Hund stimmt weitgehend überein. Beide haben lange, kräftige Beine, mit denen sie ausdauernd laufen können. Auch der Wolf hat ein Fleischfressergebiss mit

3 Wolfsrudel

dolchartigen Eckzähnen und scharfen Reißzähnen. Ein Wolf kann sehr gut hören und riechen.

Ein Wolf lebt mit vielen anderen Wölfen in einem **Rudel** (Bild 3). Die Wölfe eines Rudels gehorchen dem stärksten und erfahrensten Tier, dem Leittier. Ein bestimmtes Gebiet, das Revier, wird von den Wölfen eines Rudels gegen andere Wölfe verteidigt. Die Tiere eines Rudels kennen und verständigen sich untereinander. Wölfe jagen gemeinsam.

Wölfe sind die Vorfahren der Haushunde. Aus Skelettfunden weiß man, dass bereits vor 15 000 Jahren Wölfe mit Menschen zusammenlebten. Vielleicht nahmen Menschen der Steinzeit Wolfswelpen in ihre Höhlen auf und zogen sie groß. Weil diese Tiere inmitten einer Menschengruppe aufwuchsen, betrachteten sie die Menschen als ihr Rudel und folgten ihnen. Die ersten zahmen Wölfe halfen wahrscheinlich bei der Jagd. Alle heute lebenden Hunde haben Wölfe als gemeinsame Vorfahren.

Viele Verhaltensweisen von Wölfen kann man auch bei Hunden beobachten. Hunde sehen in ihrem Menschen das „Leittier" und ordnen sich ihm unter. Haus und Garten sind für einen Hund das Revier, das gegen Eindringlinge verteidigt wird. Der Gesichtsausdruck eines aufmerksamen, drohenden oder ängstlichen Hundes stimmt mit dem entsprechenden Gesichtsausdruck eines Wolfes überein (Bild 4).

> Hunde und Wölfe haben Gemeinsamkeiten im Körperbau und im Verhalten. Wölfe sind die Vorfahren der Haushunde.

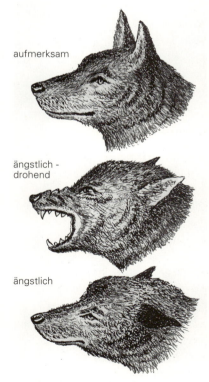

4 Gesichtsausdruck eines Hundes

6 Säugetiere in unserer Umgebung

6.3 Katzen sind Einzelgänger

1 Wenige Tage altes Katzenbaby

2 Falbkatze

Unsere Hauskatze stammt von der in Nordafrika lebenden **Falbkatze** ab (Bild 2). Sowohl das Äußere als auch das Verhalten der Hauskatze stimmen weitgehend mit dem der Falbkatze überein. Beide brauchen viel Wärme, leben weitgehend als Einzelgänger und gehen in der Dämmerung auf die Jagd.

Besonders in Städten werden Katzen im Haus gehalten. Sie kommen nur selten nach draußen. Solche Katzen bewegen sich meistens viel weniger als Katzen auf dem Land, die ihre Beute selbst fangen. Im Haus gehaltene Katzen benötigen einen warmen Schlafplatz, täglich ihr Futter und einen Stamm zum Krallenschärfen. Während frei umherlaufende Katzen ihren Kot in eine Erdmulde geben und diese sorgfältig zudecken, um keine Spuren zu hinterlassen, bekommen Hauskatzen ein Katzenklo mit Katzenstreu. Dieses muss täglich gesäubert werden.

Katzen jagen in der Dämmerung und im Dunkeln. Die Pupillen der Katzenaugen weiten sich im Dunkeln, sodass möglichst viel des restlichen Lichts ins Auge einfallen kann. Bei grellem Licht schließen sich die Pupillen zu schmalen Spalten (Bild 3). So wird die Katze nicht geblendet. Der Gehörsinn der Katze ist gut entwickelt. Sie kann sogar noch das Fiepen einer Maus tief in ihrem Erdloch hören.

3 Katzenaugen in der Dämmerung (oben) und im Hellen

Katzen schleichen sich mit eingezogenen Krallen an ihre Beute heran. Sie stoßen sich mit den Hinterpfoten vom Boden ab, strecken während des Springens die Krallen blitzschnell aus und ergreifen die Beute mit den scharfen Krallen beider Pfoten gleichzeitig. Die scharfen Krallen sind für die Katze bei der Jagd unentbehrlich (Bild 4). Mit ihren langen, dolchartigen Eckzähnen tötet die Katze ihre Beute. Die scharfen Backenzähne zerschneiden das Fleisch. Die Katze hat ein **Fleischfressergebiss** (Bild 5).

Fortpflanzung der Katze. Zwei- bis dreimal im Jahr ist die Paarungszeit der Katzen. Die Kater sind während dieser Zeit angriffslustige Rivalen. Eine paarungsbereite Katze hört man nachts öfter laut schreien. Nach einer Tragzeit von etwa zwei Monaten wirft die Katze zwei bis sechs Jungtiere. Sie werden vom Muttertier gesäugt, können noch nicht laufen und haben die Augen noch geschlossen (Bild 1). Katzen sind Säugetiere.

> Die Katze stammt von der Falbkatze ab. Katzen sind Säugetiere mit einem Fleischfressergebiss. An ihre Beute schleichen sie sich an und ergreifen sie mit ausgestreckten Krallen.

1 Betrachte die Pupillen der Katzen in Bild 3. Beschreibe den Unterschied. Erkläre den Unterschied.

2 Vergleiche die Verhaltensweisen einer Katze in der Großstadtwohnung mit denen einer Katze auf einem Bauernhof (Art der Nahrung, Jagdrevier, Bewegungsmöglichkeiten, Krallenschärfen, Kotabsetzen).

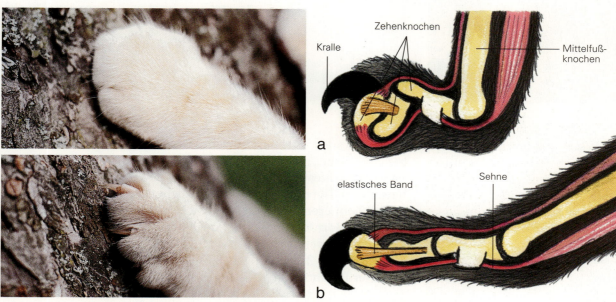

4 Katzenpfoten mit angezogenen (a) und ausgestreckten (b) Krallen

5 Katzen haben ein Fleischfressergebiss

6 Säugetiere in unserer Umgebung

6.4 Beobachten und Beschreiben

1 Giraffe

2 Zebra

1 Beschreibe zunächst die Giraffe und dann das Zebra. Übertrage die Tabelle von Bild 3 in deine Mappe und fülle sie aus. Fertige anschließend für beide Tiere eine Tierbeschreibung an. Verwende dafür treffende Ausdrücke (Bild 4).

Im Zoo kannst du verschiedene Tiere beobachten. Beobachten bedeutet dabei mehr als nur das Tier anzuschauen. Wenn du ein Tier beobachtest, kannst du auf seine Bewegungen, auf das Verhalten des Tieres und seine körperlichen Merkmale achten. Bei vielen Zootieren fallen dir sofort ihre besonderen Merkmale auf, z. B. das Horn des Nashorns oder der Rüssel des Elefanten. Bei der Tierbeschreibung ist es wichtig, dass du auf alle besonderen Merkmale des Tieres eingehst. Die folgenden Schritte helfen dir bei einer Beschreibung.

1. Schritt: Das Tier beobachten
Betrachte das Tier genau. Achte dabei auf Einzelheiten wie die Kopfform, die Größe und die Fellfarbe.

2. Schritt: Eine Tabelle anlegen
Lege für das Beschreiben eine zweispaltige Tabelle in deiner Mappe an (Bild 3). Diese Tabelle erleichtert dir die Gliederung der Tierbeschreibung. Trage in die linke Spalte die Merkmale ein, die du beschreiben willst, z. B. Körperbau oder Farbe des Fells. In die rechte Spalte trägst du die dazu passenden Adjektive ein (Bild 4).

Name des Tieres	
Merkmal	Beschreibung
Kopfform	?
Augen	?
Ohren	?
Körperbau	?
Fellfarbe	?
Beine	?
Pfoten	?

3 Tabelle zur Tierbeschreibung

Körperbau	muskulös, schlank, plump, sehnig, dick, dünn, geschmeidig
Kopf	oval, rundlich, eckig, breit, schmal
Augen	hervorquellend, tief liegend, groß, klein, stechend, glänzend
Fell	struppig, glatt, gefleckt, gestreift, borstig

4 Adjektive zur Tierbeschreibung

5 Kamel (Trampeltier)

6 Dromedar

3. Schritt: Das Tier beschreiben
Mithilfe der Tabelle kannst du die Tierbeschreibung beginnen. Beachte dabei folgende Punkte:
- Benutze die Zeitform Präsens (Gegenwart).
- Schreibe in einem sachlichen Stil.
- Verwende keine „Vermenschlichungen", z. B.: Der Löwe schaut traurig aus, das Kamel guckt hochnäsig.
- Beginne mit den auffälligsten Merkmalen.
- Verwende Fachausdrücke für die Körperteile des Tieres (Bild 7). Beispielsweise hat ein Bär keinen Mund, sondern eine Schnauze.
- Stelle Vergleiche an, damit deine Beschreibung anschaulicher wird, z. B.: Das Nashorn wiegt so viel wie ein Wohnmobil.

2 Ordne die Fachbegriffe von Bild 7 den entsprechenden Körperteilen zu. Übertrage dazu die Tabelle in deine Mappe und fülle sie aus. Beachte, dass sich einem Körperteil mehrere Fachbegriffe zuordnen lassen.

3 Beschreibe zunächst das Kamel und das Dromedar und vergleiche sie anschließend.

4 Erstelle eine Schemazeichnung von der Giraffe und dem Zebra nach dem Muster von Bild 5 und 6. Welche Vorteile bietet eine schematische Zeichnung gegenüber einem Foto?

Mund	Füße	Arme	Körperbedeckung
Schnauze	?	?	?

Schnauze, Schuppen, Fell, Pelz, Flossen, Hufe, Borsten, Zehen, Panzer, Schnabel, Tentakel, Maul, Vorderpfote

7 Tabelle und Fachbegriffe zur Tierbeschreibung

6 Säugetiere in unserer Umgebung

6.5 Vergleichen

1 Rotbuche (links) und Stieleiche im Vergleich

Vergleichen ist eine häufige Tätigkeit – im Alltag und in der Schule. In der Alltagssprache werden Vergleiche unter anderem durch die Steigerung von Eigenschaftswörtern (Adjektive) deutlich: Etwas ist schöner, schneller, lauter, bunter, witziger, höher, größer, kleiner oder schwieriger als etwas anderes.

Beim Vergleichen werden gemeinsame und unterschiedliche Merkmale ermittelt. In der Welt der Lebewesen können z. B. Tiere, Pflanzen oder andere Lebewesen verglichen werden (Bild 1). Ebenfalls können Gegenstände, Stoffe oder Vorgänge miteinander verglichen werden.

Folgende Fragen können helfen, wie man bei einem Vergleich vorgehen kann:
- Was will ich genau miteinander vergleichen? (zum Beispiel Rotbuche und Stieleiche in Bild 1)
- Nach welchen Gesichtspunkten soll der Vergleich erfolgen? (zum Beispiel Form der Blätter, Oberfläche der Borke und Früchte in Bild 1)
- Welche Gemeinsamkeiten haben die zu vergleichenden Gegenstände, Stoffe, Lebewesen oder Vorgänge?
- Welche Unterschiede weisen die zu vergleichenden Gegenstände, Stoffe, Lebewesen oder Vorgänge auf?
- Wie lässt sich der Vergleich zusammenfassen?

Häufig werden Vergleiche in einer Tabelle dargestellt.

1 Vergleiche Rotbuche und Stieleiche (Bild 1) miteinander. Erarbeite zunächst Gesichtspunkte für den Vergleich. Führe dann den Vergleich durch. Beachte die Angaben im Text über die Vorgehensweise beim Vergleichen.

Wölfe leben in Rudeln mit einer Rangfolge. Sie gehen meistens gemeinsam auf Jagd, vor allem tagsüber, aber mitunter auch in der Nacht. Wölfe laufen täglich viele Kilometer, um ihre Beutetiere, zum Beispiel Rentiere, zu finden. Mit ihrer feinen Nase und ihrem guten Gehör können Wölfe ihre Beute riechen und hören. Sie pirschen sich an die Rentiere heran und dann rennt das Rudel los. Die Rentiere werden gehetzt, manchmal über viele Kilometer. Wird ein Beutetier eingeholt, springen mehrere Wölfe das Rentier an. Durch einen kräftigen Biss in den Hals wird es getötet. Die Beute wird gemeinsam gefressen. Die ranghöchsten Rudelmitglieder dürfen aber als Erste fressen.

Eine Katze jagt meistens in der Dämmerung und nachts. Sie kann sehr gut hören und selbst im Dämmerlicht noch gut sehen. Hat eine Katze das Fiepen einer Maus gehört, schleicht sie sich lautlos und in geduckter Haltung an. Vor dem Mauseloch lauert sie reglos. Kommt die Maus aus ihrem Loch heraus, schnellt die Katze mit einem kräftigen Sprung blitzschnell auf die Beute zu. Die Maus wird mit den beiden Vorderpfoten und den scharfen, ausstreckbaren Krallen ergriffen und zu Boden gedrückt. Mit den Zähnen wird die Maus getötet.

2 Vergleich der Jagd bei Wölfen und Katzen

3 Ein Stück Wiese a) nach einem Gemälde des Künstlers Albrecht Dürer aus dem Jahr 1503 (Albrecht Dürer wurde 1471 in Nürnberg geboren und starb 1528 in Nürnberg); b) Foto eines Rasenstücks

2 Vergleiche die Jagd bei Wölfen und bei Katzen (Bild 2). Benutze dazu auch die Angaben zur Vorgehensweise bei einem Vergleich.

3 Vergleiche ein Stück Wiese mit einem Rasen (Bild 3). Benutze auch hier die Angaben zur Vorgehensweise bei einem Vergleich.

6 Säugetiere in unserer Umgebung

6.6 Pferde brauchen viel Bewegung

1 Wildpferde in einer Steppenlandschaft

1 Welche Kosten sind dem Pferdebesitzer (Bild 5) im ersten Jahr entstanden? Wie hoch sind die Kosten im zweiten Jahr?

2 Die Begriffe „Warmblutpferd" und „Kaltblutpferd" beschreiben das Temperament und den Körperbau. Ergänze die Sätze:
Reit- und Turnierpferde sind meistens …
Für schwere Arbeiten, in der Forstwirtschaft, nimmt man meistens …

Seit mehr als 7000 Jahren haben die Menschen Pferde als Arbeits- und Reittiere gezähmt und gezüchtet. Schlanke, schnelle Pferde wurden als Reitpferde genutzt. Große, kräftige und ruhige Pferde wurden als Arbeitspferde eingesetzt. Heute werden Pferde bei uns überwiegend für den Reitsport oder für die Freizeitgestaltung gehalten (Bild 2).

Wildpferde sind Steppentiere. Wildpferde leben gesellig in Herden in den weiten Graslandschaften (Bild 1). Dort haben sie viel Bewegungsraum und finden reichlich Nahrung. Sie beißen das Gras mit den Schneidezähnen ab oder zupfen es mit ihren wulstigen Oberlippen ab (Bild 3). Mit den Backenzähnen zermahlen sie ihre Nahrung. Pferde sind **Pflanzenfresser**.

2 Reiter in der Freizeit

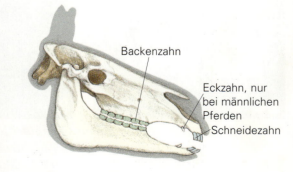

3 Schädel und Gebiss des Pferdes

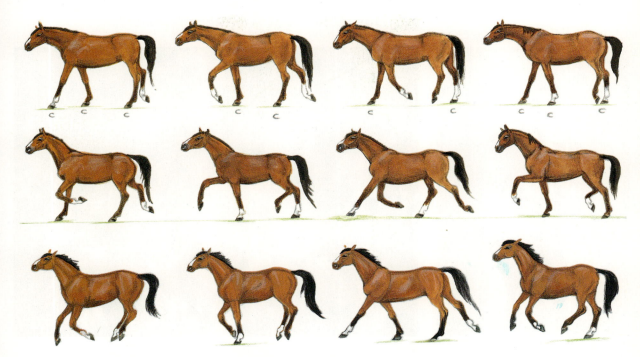

4 Gangarten des Pferdes: Schritt (oben), Trab und Galopp

In der Steppe finden Pferde wenige Versteckmöglichkeiten bei Gefahr. Sobald eines der Herdentiere etwas Ungewöhnliches entdeckt, verständigt es die anderen durch Schnauben und alle stürmen in wildem Galopp davon. Pferde sind **Fluchttiere** und somit auf Schnelligkeit angewiesen, um ihren Feinden zu entkommen. Dieses Fluchtverhalten zeigt das heutige Hauspferd ebenfalls. Pferde, die auf der Koppel weiden, galoppieren plötzlich los, wenn etwas sie erschreckt. Ein Reiter muss auf dieses Fluchtverhalten der Pferde vorbereitet sein.

Aus der Lebensweise der Wildpferde kann man einige Grundsätze für eine artgerechte Pferdehaltung herleiten. Pferde sollten nicht allein gehalten werden. Sie brauchen viel Platz und Bewegung, vor allem aber eine intensive Pflege. Das Fell muss beispielsweise regelmäßig gestriegelt und die Hufe müssen ausgekratzt werden. Dazu kommt die Versorgung mit Wasser und Futter, sowie das Ausmisten des Stalles. Das alles verursacht hohe Kosten und beansprucht viel Zeit (Bild 5).

Die Gangarten des Pferdes sind Schritt, Trab und Galopp (Bild 4). Beim Vergleich der Gangarten fällt auf, dass die Pferde ihre Füße in unterschiedlicher Weise aufsetzen.

Anschaffung:	ab 1500 €
Zubehör (zum Beispiel Sattel, Halfter, Putzzeug):	600 €
Haftpflichtversicherung:	75 € im Jahr
Impfungen:	50 € im Jahr
Futter:	75 € monatlich
Mietstall:	150 € monatlich
Tierarzt und Hufschmied:	75 € monatlich

5 Kosten für ein Pferd, Beispiel

3 Für die Gangart Schritt sind in Bild 4 oben die Hufe, die den Boden berühren, durch Halbkreise gekennzeichnet. Fertige eine entsprechende Skizze für die Gangarten Trab und Galopp an.

| Pferde sind Pflanzenfresser. Ihre artgerechte Haltung erfordert eine intensive Pflege. Sie brauchen viel Bewegung.

6 Säugetiere in unserer Umgebung

6.7 Das Rind – ein wichtiges Nutztier

1 Auerrind (Nachzucht)

2 Rinderherde auf der Weide

Sobald im Frühjahr die starken Nachtfröste vorüber sind, werden in vielen Teilen Bayerns wieder die Rinder auf die Weiden getrieben (Bild 2). Das Rind ist für den Menschen ein **Nutztier**. Das Fleisch des Rindes wird für die menschliche Ernährung genutzt. Die Haut kann man zu Leder verarbeiten. Aus den Haaren kann man Filz herstellen und die Knochen können zu Leim verarbeitet werden. Das weibliche Rind, die Kuh, liefert die für unsere Ernährung wichtige Kuhmilch. Aus der Kuhmilch werden Milchprodukte, zum Beispiel Butter, Quark, Joghurt, Sahne und Käse, hergestellt.

Das Rind ist eines der ältesten Nutztiere. Es wurde schon vor über 8 000 Jahren aus dem Auerrind gezüchtet (Bild 1). Zunächst wurde das Rind nur als Fleischlieferant genutzt. Später wurde es als Zugtier vor den Pflug gespannt. Auf diese Weise wurde die schwere Feldarbeit enorm erleichtert. In manchen Teilen der Welt wird das Rind heute noch als Zugtier verwendet. In Deutschland werden Rinder heute nur noch für die Milch- und Fleischproduktion gehalten. Das Auerrind, der Vorfahr unserer Rinder, lebte in Herden in lichten Wäldern, in Flussauen und auf offenem Weideland. Es war erheblich größer und massiger als die aus ihm hervorgegangenen Rinderrassen. Vor dreihundert Jahren ist das Auerrind bei uns ausgestorben. Der Körperbau des Rindes ähnelt dem des Auerrindes. Es tritt wie sein Vorfahre nur mit den Spitzen von zwei großen Zehen auf, die besonders stark ausgebildet sind (Bild 3). Man nennt diese Tiere **Paarhufer**. Die Zehenspitzen der Rinder sind von festem Horn, dem Huf, umgeben. Rinder

1 Vergleiche Aussehen des Auerrindes mit dem unserer Rinder. Nenne Gemeinsamkeiten und Unterschiede.

2 In Bild 4 sind die Verdauungsorgane des Rindes eingezeichnet. In welchen Magenabschnitt gelangt das Gras, nachdem es zum ersten Mal hinuntergeschlungen wurde? In welche Magenabschnitte gelangt es nach dem Wiederkäuen?

können die beiden Zehen leicht auseinander spreizen und sinken dadurch trotz ihres großen Gewichtes nur wenig in feuchte Böden ein.

Rinder ernähren sich ausschließlich von Pflanzen. Rinder sind **Pflanzenfresser**. Auf der Weide grasen die Tiere im langsamen Vorwärtsgehen acht bis zehn Stunden täglich. Sie nehmen dabei bis zu 60 Kilogramm Gras auf. Mit der langen, rauen Zunge umfasst das Rind die Grasbüschel. Mit den Zähnen des Unterkiefers presst es dann das Büschel gegen die zahnlose Kauplatte des Oberkiefers und reißt es mit einem Ruck ab (Bild 5). Mit den breiten Kauflächen der großen Backenzähne wird das Gras zunächst etwas zermahlen, dann aber rasch heruntergeschluckt.

Zunächst gelangt die Nahrung in den größten Magenabschnitt, den **Pansen** (Bild 4). Im Pansen wird sie angefeuchtet und angewärmt. Im anschließenden Magenabschnitt, dem **Netzmagen**, wird die Nahrung zu kleinen Ballen geformt. Wenn das Rind Ruhe findet, wird die Nahrung noch einmal ins Maul befördert. Jetzt erst zerkaut es das zu Ballen geformte Gras mit seinen großflächigen Backenzähnen vollständig. Deshalb nennt man Rinder **Wiederkäuer**. Nun durchmischt das Rind die Nahrung gründlich mit Speichel, bis sie zu einem dünnflüssigen Nahrungsbrei wird. Dieser wird erneut hinuntergeschluckt und gelangt in den dritten Magenabschnitt, den **Blättermagen**. Hier wird der Nahrung Wasser entzogen. Im **Labmagen** und im **Darm** findet dann die endgültige Verdauung statt. Die unverdaulichen Reste werden durch den After ausgeschieden.

| Rinder gehören zu den wichtigsten Nutztieren. Unsere heutigen Rinder stammen vom Auerrind ab. Sie gehören zu den Paarhufern. Rinder sind Wiederkäuer.

3 Vergleiche das Pflanzenfressergebiss des Rindes (Bild 5) und das Fleischfressergebiss des Hundes (S.98, Bild 1) miteinander.

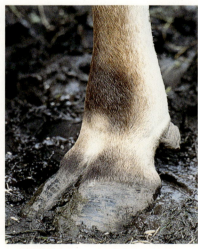

3 *Vorderbein des Rindes*

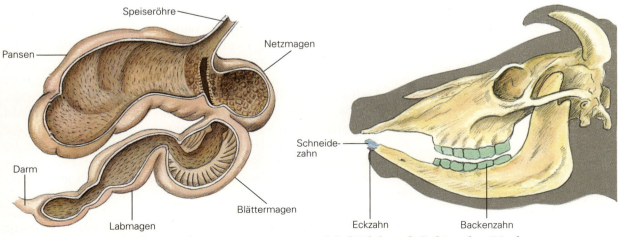

4 *Verdauungsorgane des Rindes*   5 *Schädel und Gebiss des Rindes*

6.8 Moderne Rinderhaltung

1 Moderne Mastbullenhaltung

Mastbullen. Bullen, die männlichen Rinder, werden häufig nur für die Fleischproduktion gehalten. Man nennt sie Mastbullen. Oft werden Mastbullen in kleinen Gruppen gehalten (Bild 1). Sie stehen in Ställen auf Spaltböden. Mastbullen erreichen schnell ihr Schlachtgewicht. Die Haltung ist wenig arbeitsaufwändig und spart Kosten.

Wenn Tiere so gehalten werden, dass auf ihre Lebensgewohnheiten Rücksicht genommen wird, spricht man von artgemäßer Tierhaltung. Im Tierschutzgesetz sind Regelungen für die **artgemäße Haltung** von Rindern festgelegt. Es verpflichtet die Tierhalter, den Rindern neben dem Kraftfutter Heu zu geben. Sie sollen einen ausreichenden Raum haben, um sich beim Wiederkäuen hinlegen und ihr Fell pflegen zu können. Rinder sind gesellig lebende Tiere. Sie benötigen Kontakt zum anderen Tier, um sich wohl zu fühlen. Außerdem müssen die Ställe immer sauber sein. Die Tiere dürfen nicht in ihrem Kot und Urin liegen.

Die Haltung von Milchkühen. Früher hielt jeder Bauer eine oder mehrere Milchkühe. Der Stall wurde mit der Mistgabel gesäubert und mit Stroh ausgelegt. Im Sommer kamen die Kühe auf die Weide. Im Winter wurden die Tiere mit Heu gefüttert. Milchkühe müssen jedes Jahr ein Kalb bekommen, damit sie Milch geben. Die Kälber blieben früher bei den Muttertieren und kamen mit auf die Weide.

Heute werden Milchkühe häufig das ganze Jahr über in großen Ställen gehalten (Bild 2). In diesen modernen Ställen bewegen sie

1 Vergleiche die Lebensbedingungen der Rinder bei Freihaltung in modernen Ställen mit der früheren Haltung in Boxen. Welchen natürlichen Lebensgewohnheiten können Rinder bei beiden Haltungsmethoden nachgehen, auf welche müssen sie verzichten?

2 Wann ist die Bullenhaltung artgerecht? Schreibe notwendige Bedingungen auf.

1	Trecker
2	Grünfutter
3	Fressgitter
4	Fressgang
5	Liegeboxen
6	Kraftfutterstation
7	Laufgang
8	Melkstand
9	Kühltank für Milch
10	Kälberstall
11	Güllesilo

2 Haltung von Milchkühen in einem modernen Stall

sich frei. Die Tiere haben so genug Bewegung. Die Kühe können Kontakt mit den anderen Tieren im Stall aufnehmen. Sie leben in einer **Herde**. Das entspricht einer Lebensweise, die sie von den Auerrindern übernommen haben. Die Kälber werden ganz früh von den Muttertieren getrennt und mit speziellem Kälberfutter aufgezogen. Der Ruheplatz der Kühe wird mit Sägespänen oder Ähnlichem ausgelegt. Kot und Urin fallen durch Spalten im Boden und gelangen in Güllebehälter. Fließbänder transportieren das Futter heran.

BSE – Rinderwahnsinn. Kühe können nur große Mengen Milch geben, wenn sie Kraftfutter erhalten. Auch Bullen können nur mit Kraftfutter so schnell Gewicht zunehmen. Das Kraftfutter besteht z. B. aus eiweißreichem Soja. Durch die Fütterung von Tiermehl ist die gefährliche Krankheit BSE, der Rinderwahnsinn, unter Rindern aufgetreten. Heute ist das Verfüttern von Tiermehl an Rinder verboten. Die Tierhaltung und die Fleischherstellung werden streng überwacht.

> Moderne Großställe ermöglichen heute eine preisgünstige Produktion von Milch und Rindfleisch. Durch das Tierschutzgesetz wird die artgemäße Haltung von Rindern geregelt.

6 Säugetiere in unserer Umgebung

6.9 Milchproduktion und Milchverarbeitung

1 Melken früher

2 Moderner Melkstand

1 Wie viel Zeit benötigte ein Bauer früher und heute, um zwanzig Kühe zu melken? Lies dazu im Text auf dieser Seite nach.

2 Besucht einen Bauern und erkundigt euch, wie viel Milch seine Kühe am Tag geben. Wie viele Stunden am Tag muss der Bauer für seine Kühe aufwenden? Rechne den Arbeitsaufwand für eine Kuh aus.

3 Bild 3 zeigt den Weg von der Rohmilch zu den verschiedenen Milchsorten, die im Handel angeboten werden. Beschreibe anhand der Abbildung die Herstellung von pasteurisierter Vollmilch und von teilentrahmter H-Milch.

Melken früher. Früher wurden die Kühe morgens und abends mit der Hand gemolken (Bild 1). Ein Bauer benötigte damals eine Stunde, um 20 Kühe zu füttern und zweieinhalb Stunden, um diese 20 Kühe zu melken.

Melken heute. Heute werden die Kühe automatisch gemolken (Bild 2). Die Kühe werden zweimal am Tag zum Melkstand im Stall gebracht. Ihre Zitzen werden an die Becher der Melkmaschine angeschlossen. Nach fünf bis zehn Minuten ist das Melken beendet und die nächsten Kühe können gemolken werden. Die Melkmaschinen befördern die Milch in gekühlte Tankanlagen. 20 Kühe können in einer halben Stunde gemolken werden. Milchkühe bekommen hochwertiges Kraftfutter, sodass sie mehr Milch geben. Milch kann preisgünstig in großen Mengen erzeugt werden. Während eine Milchkuh 1850 etwa 1 200 l Milch jährlich gab, betrug die Milchleistung einer Kuh 1930 bereits 2 400 l Milch jährlich. Heute liefert eine gute Kuh weit über 5 000 l Milch im Jahr.

Milchverarbeitung. Die Milch wird noch auf dem Hof auf 4 °C gekühlt. Aus den Kühltanks wird die Milch täglich in den Milchwagen gepumpt und zur Molkerei gebracht. Auch auf dem Weg wird die Milch kühl gehalten. In der Molkerei erfolgt die weitere Verarbeitung zu Butter, Käse, Joghurt und den verschiedenen Milchsorten (Bild 3).

> Früher wurden Kühe mit der Hand gemolken. Heute wird Melken viel schneller mit Maschinen erledigt. Die Milch wird in der Molkerei zu Butter, Käse und Joghurt weiterverarbeitet.

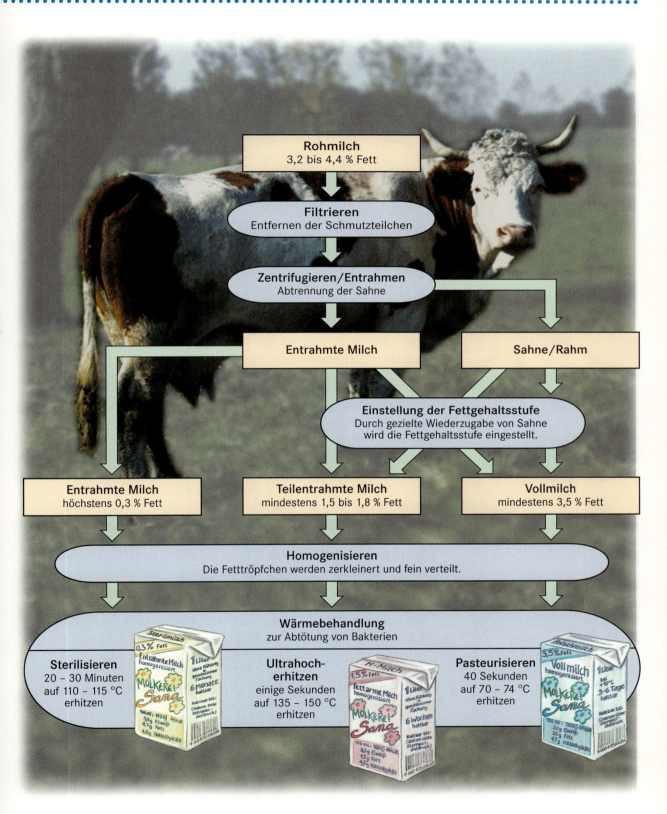

3 Milchverarbeitung

6.10 Im Schweinestall

1 Wildschwein mit Frischlingen

2 Schweine auf der Weide

Wildschweine leben heute noch frei in größeren Wäldern (Bild 1). Sie halten sich im Schutz des Dickichts auf und kommen nur zur Nahrungssuche auf die Felder. Sie durchwühlen den Boden mit ihrer rüsselförmigen Nase und den nach oben gebogenen Eckzähnen nach Nahrung. Sie fressen alles Essbare, das sie im Boden finden, zum Beispiel Wurzeln und Käfer. Wildschweine sind **Allesfresser**. Sie wälzen sich gern im Schlamm. So verschaffen sie sich Abkühlung und schützen sich vor Ungeziefer. Ein dicker Haarpelz schützt sie vor Kälte.

Pietrain-Eber

Hampshire-Eber

Die heutigen **Hausschweine** stammen von den Wildschweinen ab. Vom Schwein stammt ein großer Teil des bei uns verzehrten Fleisches (Bild 6). Das Schwein ist ein wichtiges Nutztier. Während in hügeligen Gebieten, zum Beispiel im Allgäu, vorwiegend Rinder auf den großflächigen Weiden gehalten werden, überwiegt zum Beispiel bei Ingolstadt in der bayerischen Hochebene die Schweinehaltung. Wenn man zur Fütterungszeit in einen Schweinestall kommt, ist oft ein ohrenbetäubendes Gequieke zu hören. Laut schmatzend verschlingen die Tiere das ihnen angebotene Futter. Meist ist es eine Kraftfuttermischung. Schweine fressen aber auch Gras, Kartoffeln, Rüben und sogar Fleischreste. Auch die Hausschweine sind Allesfresser.

Deutsche Landrasse, Sau

Deutsches Edelschwein, Sau

3 Schweinerassen

Einige Landwirte haben sich auf die **Schweinezucht**, andere auf die **Mast** konzentriert. Zweimal im Jahr wirft eine Sau acht bis dreizehn Ferkel. Sie bleiben etwa sechs Wochen in speziellen Aufzuchtboxen bei der Muttersau. Die meisten Jungschweine kommen dann in Schweinemastbetriebe. Jeweils sechs bis zehn Tiere stehen in einer Box (Bild 4). Sie haben wenig Bewegung, bekommen viel Kraftfutter und nehmen schnell an Gewicht zu. Nach viereinhalb Monaten erreicht ein so gehaltenes Schwein ein Gewicht von etwa 100 kg und kann geschlachtet werden.

4 *Schweinemaststall*   5 *Schädel vom Hausschwein*

Einige Bauern halten ihre Schweine anders. Sie geben ihren Tieren eine vielfältige Nahrung und nicht nur Kraftfutter. Im Sommer werden die Schweine auf der Weide gehalten und fressen dort alles Genießbare: Larven, Käfer, Würmer, Gras und Wurzeln (Bild 2). Mit ihrer Schnauze wühlen sie wie die Wildschweine im Boden. Zwischendurch wälzen sie sich im Schlamm und halten damit ihre Haut von Ungeziefer frei.

Auf der Weide haben die Schweine neben einer abwechslungsreichen Ernährung auch genug Bewegung. Sie können den meisten Lebensgewohnheiten, die sie von ihren Vorfahren, den Wildschweinen, übernommen haben, ungehindert nachgehen. Allerdings erreichen sie ihr Schlachtgewicht auf diese Weise erst nach zehn Monaten.

> Die heutigen Hausschweine stammen vom Wildschwein ab. Beide haben ähnliche Lebensgewohnheiten. Das Schwein ist ein wichtiges Nutztier für den Menschen

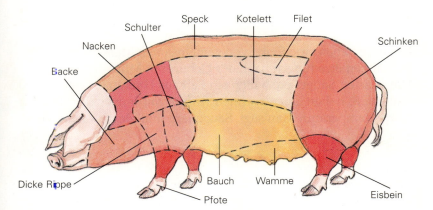

6 *So zerteilt der Schlachter das Schwein*

1 In Bild 6 sind die Teilstücke, in die der Metzger ein Schwein nach der Schlachtung zerlegt, zu erkennen. Welche Stücke kennst du aus eigener Erfahrung, zum Beispiel, weil sie manchmal auf deinem Speiseplan stehen?

2 Vergleiche das Verhalten beim Fressen und den Körperbau von Wildschwein und Hausschwein. Übertrage die Tabelle in dein Heft und trage ein.

	Wild-schwein	Haus-schwein
Haarkleid	?	?
Körperbau	?	?
Kopfform	?	?
Fress-verhalten	?	?

3 Zählt Sprichwörter oder Redensarten auf, die vom Schwein handeln. Nennt mögliche Gründe, die zu solchen Aussagen über die Schweine geführt haben könnten.

6 Säugetiere in unserer Umgebung

6.11 Merkmale der Säugetiere

1 Katze säugt ihre Jungen

1 Sammle aus Zeitschriften Bilder von Tieren. Gib jeweils an, ob es sich um ein Säugetier handelt oder nicht.

2 Welche der folgenden Tiere sind Säugetiere? Goldhamster, Meerschweinchen, Fledermaus, Taube, Ziege, Elefant, Tiger, Karpfen, Frosch, Blauwal, Schimpanse, Krokodil, Nashorn.

3 Alle in Bild 2 dargestellten Tiere sind Säugetiere. Sie säugen ihre Jungen, haben ein Fell aus Haaren und sind gleichwarm. Darüber hinaus haben die Tiere in Bild 2 weitere gemeinsame Merkmale.
Welche Merkmale sind das?

4 Suche in diesem Buch nach weiteren Bildern, in denen Säugetiere dargestellt sind. Gib den Namen des Tieres und die Seite im Buch an.

Die jungen Katzen in Bild 1 sind erst wenige Tage alt. Mehrmals täglich trinken sie bei ihrer Mutter Milch. Die Jungen saugen Milch aus den Zitzen am Bauch der Mutter. In den ersten Wochen nach der Geburt ernähren sich die Jungen nur von der Milch der Mutter. In der Milch ist alles enthalten, was die jungen Katzen zum Wachsen brauchen.

Man bezeichnet Tiere, bei denen die Weibchen die Jungen nach der Geburt mit eigener Milch ernähren, als **Säugetiere**. Katzen, Hunde, Pferde, Rinder und Schweine sind Beispiele für Säugetiere. In Bild 2 sind weitere Säugetiere dargestellt. Auf der Erde gibt es ungefähr 4500 Arten von Säugetieren. Die kleinsten Säugetiere sind Mäuse, die größten Säugetiere gehören zu der Gruppe der Wale.

Säugetiere haben eine Reihe von gemeinsamen Merkmalen:
– Sie **säugen** ihre Jungen nach der Geburt mit Milch.
– Die meisten Säugetiere haben ein **Fell** aus Haaren.
– Säugetiere haben einen warmen Körper mit immer der gleichen Körpertemperatur. Man sagt, Säugetiere sind **gleichwarme** Tiere.

> Bei Säugetieren ernähren die Weibchen ihre Jungen in der ersten Zeit nach der Geburt mit Milch. Die meisten Säugetiere haben ein Fell aus Haaren und sind gleichwarm.

2 Einige Säugetiere

7 Pflanzen im Umfeld der Schule

1 Auch Tiere und Pflanzen leben auf dem Schulgelände

7.1 Pflanzen und Tiere auf dem Schulgelände

2 Kohlmeisen

Löwenzahn

Weißklee

Breitwegerich

Peter besucht die Hauptschule in einer kleinen Stadt. In den Pausen halten sich viele Schüler auf dem Schulgelände auf. Einige spielen oder toben, andere hingegen unterhalten sich ruhig. Auf dem Schulgelände leben aber nicht nur Menschen, sondern auch Pflanzen und Tiere (Bild 1, 2). Peter hat durch das Klassenfenster schon Amseln und Sperlinge auf dem Schulgelände beobachtet. Am Rande des Schulgeländes wachsen Bäume und Sträucher. Einige der Namen dieser Bäume und Sträucher hat Peter mit einem Bestimmungsbuch herausgefunden. Wichtige Merkmale wie Blätter, Früchte und Borke, die man zum Erkennen eines Baumes oder Strauches benötigt, sind dort abgebildet. Peter hat im Unterricht den Schulhof zusammen mit den Mitschülerinnen und Mitschülern seiner Klasse genauer untersucht. Dabei haben sie erstaunlich viele verschiedene Pflanzen gefunden.

Vogelknöterich   *Strahllose Kamille*   *Gänseblümchen*

119

7 Pflanzen im Umfeld der Schule

Geißfuß

Hirtentäschelkraut

Peter und seine Mitschüler haben festgestellt, dass die Pflanzen teilweise sehr unterschiedliche Merkmale aufweisen. Einige besitzen geschlitzte Blätter, andere besitzen Blätter mit einem glatten Rand. Manche Pflanzen riechen stark. Die Farbe ihrer Blüten ist unterschiedlich. Anhand bestimmter Merkmale kann man Pflanzen unterscheiden. Den Namen der Pflanzen kann man durch einen Vergleich mit den Abbildungen in einem bebilderten Pflanzenbestimmungsbuch herausfinden.

Nicht jede Pflanze kommt überall vor. Gänseblümchen, Löwenzahn und Weißklee wachsen vor allem auf Rasenflächen, während der Geißfuß im Schatten von Sträuchern und Bäumen auftritt. Hirtentäschelkraut, Breitwegerich, Strahllose Kamille und Vogelknöterich kommen vor allem auf Wegen vor. Die Rasenflächen sind ein **Lebensraum** für das Gänseblümchen, während die schattigen Gehölze Lebensraum für den Geißfuß bilden. Wege sind der Lebensraum von Vogelknöterich und Hirtentäschelkraut.

So wie der Schulhof Lebensraum für verschiedene Tiere und Pflanzen bietet, gibt es auch in der Umgebung deiner Schule zahlreiche Lebensräume. Diese Lebensräume zu erkennen, ist am Anfang gar nicht so einfach. Jedes bebaute oder unbebaute Stück Land kann ein Lebensraum für Pflanzen und Tiere sein (Bild 3). Sogar Lebewesen wie alte Bäume können ein Lebensraum für andere Pflanzen und Tiere sein. Vögel bauen dort ihre Nester und ziehen ihre Jungen groß. Zahlreiche Insekten leben auf oder unter der Borke des Baumes. Der Efeu klettert am Baumstamm zum Licht empor.

> Der Schulhof bietet Lebensräume für verschiedene Tiere und Pflanzen. Auch im Umfeld der Schule gibt es zahlreiche Lebensräume.

1 Betrachte Pflanzen, die auf dem Schulgelände wachsen. Beschreibe die Form der Blätter und wie sich ihre Oberfläche anfühlt. Beschreibe ihren Geruch. Welche Farbe besitzt die Blüte?

Bahnhof: Hier finden Stadtvögel Nistplätze. Pflanzen siedeln sich auf freien Flächen an.

Innenstadt: Dicht stehende, zumeist hohe Häuser mit wenigen Grünflächen.

Siedlung: Locker stehende Einfamilienhäuser mit Gärten.

Fußweg: Kleine Pflanzen wachsen in den Ritzen. Ameisen können darunter ihre Nester anlegen.

Acker: Landwirtschaftliche Nutzfläche.

Mauer, Naturstein-Mauer: Mauer, die ohne Zement mit Natursteinen errichtet wurde.

Laubwald: Wald aus Laubbäumen, zum Beispiel Buchen.

See: Stehendes Gewässer, das meist über 2 Meter tief ist, zum Beispiel ein Baggersee.

3 Einige Lebensräume im Umfeld der Schule

7.2 Sehen, tasten, riechen – Steckbriefe von Pflanzen erstellen

Ein bestimmtes Gebiet auf dem Schulgelände ist euer Untersuchungsgebiet. Es sollte nicht zu groß sein, damit ihr von einer Stelle das ganze Untersuchungsgebiet mit seinen Pflanzen überschauen könnt. Euer Untersuchungsgebiet sollte von möglichst vielen verschiedenen Pflanzen bewachsen sein. Es kann auch ein Abschnitt einer Hecke, ein festgelegtes Gebiet im Park oder Wald, ein Teil einer Wiese oder eines anderen Lebensraumes sein.

Teilt euch in Zweiergruppen auf. Jede Gruppe nimmt einen Bleistift und eine Pappkarte mit in das Untersuchungsgebiet. Dort weist eure Lehrerin oder euer Lehrer jeder Gruppe eine bestimmte Pflanze zu. Diese Pflanze soll durch Sehen, Tasten und Riechen untersucht werden. Die Merkmale der Pflanze werden möglichst genau auf der Karte notiert (siehe Beispiele auf dieser Seite). Wenn ihr den Namen eurer Pflanze bereits kennt, schreibt ihn zunächst noch nicht auf den Steckbrief. Achtet darauf, die Pflanze nicht zu beschädigen.

In eurem Steckbrief könnt ihr auf folgende Merkmale besonders achten:
Trägt die Pflanze zur Zeit Blüten? Wenn ja, welche Farbe haben die Blüten? Sitzen mehrere Blüten oder eine Blüte an einer Pflanze? Welche Farbe haben Stängel oder Stamm? Haben Blattober- und Blattunterseite verschiedene Farben? Welche Form haben die Blätter? (Für einige Bäume findet ihr dazu auf den folgenden Seiten Angaben.)

Ertastet mit geschlossenen Augen die Oberfläche von Stängel, Stamm oder Blättern (zum Beispiel glatt, rau, rissig, behaart, rund, kantig, gefurcht, mit Stacheln oder Dornen).

Riecht an der Pflanze und ihren Blüten (zum Beispiel stark oder schwach duftend, harzig, angenehmer oder unangenehmer Duft).
Nach einer bestimmten Zeit kommt ihr wieder zusammen. Schreibt auf den Steckbrief euren Namen. Die Steckbriefe von allen Gruppen werden eingesammelt und durchgemischt. Dann liest eine Schülerin oder ein Schüler einen Steckbrief vor. Versucht herauszubekommen, welche Pflanze in dem Steckbrief gemeint ist. Fahrt mit den übrigen Steckbriefen fort.

1 Welche Pflanzen werden in den drei Steckbriefen beschrieben?

7 Pflanzen im Umfeld der Schule

7.3 Der Wegrain – ein Lebensraum im Umfeld der Schule

Am Rande des Weges, der in die Feldflur führt, ist ein schmaler Streifen ungenutzt. Daran schließen die Äcker an. Dieser schmale Streifen wird als **Wegrain** bezeichnet. Auf ihm wachsen viele Gräser, aber auch bunt blühende Kräuter. Im Hochsommer blühen hier der leuchtend rote Klatschmohn und die als Heilpflanze bekannte Echte Kamille. Am Wegrain findet man auch stark duftende Pflanzen wie den Thymian. Einige Pflanzen wie der Rainfarn oder die Wegwarte verdanken ihren Namen diesem Lebensraum.

Neben den Pflanzen bietet dieser schmale Streifen auch vielen Tieren einen wichtigen Lebensraum. Bienen und auch Schmetterlinge finden in den vielen Blüten Nektar. Käfer halten sich an den Pflanzen auf. Wegraine bieten auch Vögeln, zum Beispiel dem Rebhuhn, Nahrung und die Möglichkeit sich zu verstecken.

Wegraine sind zum Beispiel durch die Befestigung und Verbreiterung von Feldwegen bedroht. Sie werden häufiger als früher gemäht. Das vertragen manche Pflanzen nicht. Sie finden hier keinen Lebensraum mehr. Ein **sorgsamer Umgang** und die richtige **Pflege** eines Wegraines kann die ursprüngliche Vielfalt erhalten. Zur richtigen Pflege gehört, dass möglichst nur alle zwei bis drei Jahre gemäht wird. Auf jeden Fall sollte erst im September gemäht werden, wenn die Früchte und Samen der Pflanzen herangereift sind. Es sollte nicht zu tief am Boden gemäht werden. Dadurch werden die auf dem Boden lebenden Tiere geschont. Wenn das Mähgut einige Stunden liegen bleibt, können die an den Pflanzen haftenden Insekten entkommen.

> Der Wegrain bietet Lebensraum für viele Pflanzen und Tiere. Ein sorgsamer Umgang und die richtige Pflege erhalten die Vielfalt des Lebensraumes.

1 Versuche einige auf einem Wegrain wachsende Pflanzen mithilfe der Abbildungen oder mithilfe eines bebilderten Bestimmungsbuches zu benennen. Schreibe eine kleine Liste mit den Namen der von dir erkannten Pflanzen auf. Vergleiche die Zahl der unterschiedlichen Pflanzen auf verschiedenen Wegrainen.

7.4 Kennübung: Bäume und Sträucher

7 Pflanzen im Umfeld der Schule

7 Pflanzen im Umfeld der Schule

7.5 Geschützte Pflanzen

1 Leberblümchen

2 Seidelbast

3 Frauenschuh

4 Schachblume

5 Weiße Seerose

6 Arnika

> Es ist verboten, wild wachsende Pflanzen missbräuchlich zu entnehmen, ihre Bestände zu verwüsten oder ohne vernünftigen Grund niederzuschlagen.
> *(Bayerisches Naturschutzgesetz)*
>
> Es ist verboten, wild lebende Pflanzen der besonders geschützten Arten abzuschneiden, abzupflücken, aus- oder abzureißen, auszugraben, zu beschädigen oder zu vernichten.
> *(Bundesnaturschutzgesetz)*

1 Überlege, warum einige Pflanzen besonders streng geschützt werden müssen.

Peter fühlt sich in seiner Heimat wohl. Er mag die bunten Blumenwiesen und die schönen Wälder in der Umgebung seines Heimatortes. Er kennt viele Pflanzen und weiß, dass sie die Schönheit der Landschaft prägen. Damit das so bleibt, sind alle in der freien Natur wachsenden Pflanzen durch den Artikel 15 des Bayerischen Naturschutzgesetzes geschützt. Es ist zum Beispiel verboten, mehr als einen Handstrauß zu entnehmen. Auch dürfen die Pflanzen nicht beschädigt werden. So ist es auch untersagt, Blätter, Zweige oder Stämme abzubrechen. Peter würde auch ohne diese Verbote sorgsam mit den Pflanzen umgehen. Seine Eltern haben ihm die Achtung vor diesen schönen Geschöpfen der Natur vermittelt. Sie haben ihm klar gemacht, dass wir sie für die nach uns lebenden Menschen erhalten müssen.

Einige Pflanzen sind heute selten geworden oder sogar vom Aussterben bedroht. Diese Pflanzen sind durch das Bundesnaturschutzgesetz besonders streng geschützt. **Besonders geschützte Pflanzen** dürfen zum Beispiel nicht abgeschnitten, gepflückt oder ausgegraben werden.

> Alle Pflanzen sind durch das Bayerische Naturschutzgesetz geschützt. Seltene oder vom Aussterben bedrohte Pflanzen sind besonders streng geschützt.

7.6 Aufbau einer Blütenpflanze

1 Weiße Taubnessel

Blütenpflanzen. An der Hecke, die das Schulgelände begrenzt, stehen mehrere Weiße Taubnesseln. Die Pflanze ähnelt in ihrem Bau der Brennnessel, besitzt aber keine Brennhaare. Daher wird sie Taubnessel genannt. Sie besitzt weiße Blüten (Bild 1). Die Weiße Taubnessel ist eine Blütenpflanze. Die Pflanze ist durch ihre Wurzeln fest im Erdreich verankert. Wurzeln haben keine Blätter und sind auch nicht grün.

Der über der Erde wachsende Teil der Weißen Taubnessel ist grün. Zu ihm gehören die **Sprossachse**, **Laubblätter** und **Blüten**. Die Sprossachse wird bei krautigen Pflanzen wie der weißen Taubnessel auch Stängel genannt. Der Stängel wächst nach oben. Auf diese Weise trägt er Blüten und Blätter zum Licht empor. Am Stängel sitzen kleine Knospen, aus denen sich neue Blätter und Blüten entwickeln können. **Blütenpflanzen** entwickeln im Laufe ihres Lebens Wurzeln, Stängel, Laubblätter und Blüten. Man sagt auch: Blütenpflanzen haben einen gemeinsamen Bauplan.

Die Sprossachsen einiger Pflanzen verholzen. Sie wachsen zu Bäumen und Sträuchern, die viele Jahre alt werden. **Bäume** sind diejenigen Pflanzen, die eine deutliche Unterscheidung in Stamm und Baumkrone möglich machen und höher als 10 Meter wachsen können. **Sträucher** werden meistens nicht höher als 8 Meter und zeigen keine deutliche Unterteilung in Stamm und Krone (Bild 2).

1 Beschreibe anhand von Bild 1 eine Weiße Taubnessel. Betrachte Wurzeln, Stängel und Blätter und beschreibe das Aussehen dieser Pflanzenteile.

2 Schreibe auf, wo in der Umgebung deiner Schule Weiße Taubnesseln wachsen.

3 Häuser unterscheiden sich zum Beispiel in ihrem Aussehen, in ihrer Form und in ihrer Größe voneinander. Dennoch besitzen sie bestimmte gemeinsame Merkmale, die im Bauplan eines jeden Hauses vorkommen. Schreibe solche Merkmale auf, die bei den meisten Häusern vorkommen.

7 Pflanzen im Umfeld der Schule

3 *Schnittstelle eines gefällten Baumes.*

Das Alter von Bäumen lässt sich anhand bestimmter Merkmale erkennen. So kann man bei einem gefällten Baum die Jahresringe zählen und damit dessen Alter bestimmen (Bild 3). Bei vielen Bäumen kann man außerdem anhand weniger Merkmale das Alter der dünneren Äste bestimmen (Versuch 1).

2 *Pflanzen mit verholzter Sprossachse*

> Blütenpflanzen haben einen gemeinsamen Bauplan. Sie bestehen aus den Grundorganen Wurzel, Sprossachse, Blätter und Blüten. Pflanzen mit verholzter Sprossachse werden Bäume und Sträucher genannt.

1. Das Alter dünner Äste

Besorgt euch dünne Äste verschiedener Bäume. Das Astbild zeigt die wichtigsten Merkmale. Die sichelförmigen Blattnarben, die rundlichen Narben der Blütenstände und die strichförmigen Narben der Knospenschuppen. Oberhalb der sichelförmigen Blattnarben kann man Blattknospen erkennen, die zu Seitenachsen auswachsen können. An den Stellen, an denen die Pflanze geblüht hat, muss der Ast mithilfe von Seitenknospen weiterwachsen.
Versuche, die Merkmale aus der Abbildung an deinen Ästen wiederzufinden. Wie alt sind deine Äste?

7.7 Die Wurzel nimmt Wasser auf

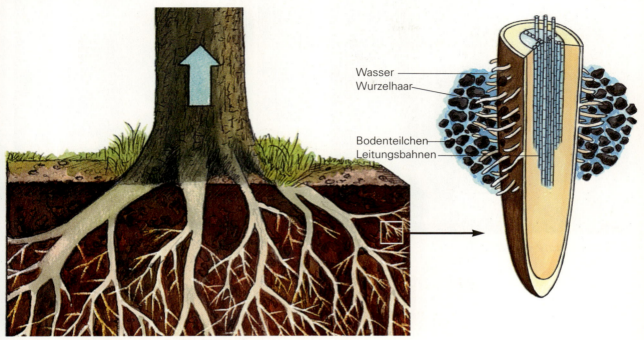

1 Wasseraufnahme durch die Wurzeln

Ein Grundorgan der Pflanze ist die Wurzel. Deren Funktion ist es, Wasser und Mineralsalze aus dem Boden aufzunehmen. Damit die Wurzeln möglichst viele Stellen im Boden erreichen, sind sie meistens stark verzweigt. Zusätzlich besitzen sie millimeterkleine dünne **Wurzelhaare**, die das Wasser aus dem Boden aufnehmen (Bild 1, 2).

Die feinen Wurzelhaare dringen in die Hohlräume zwischen den Bodenkörnchen. In den Hohlräumen befindet sich Wasser, in dem Mineralsalze gelöst sind. Die Wurzelhaare nehmen dieses Wasser auf. Von den Wurzelhaaren aus gelangt es in Leitungsbahnen im Inneren der Wurzel. Die **Leitungsbahnen** ähneln in ihrem Aufbau lang gestreckten Röhren. Sie leiten das Wasser durch die Wurzel in die Sprossachse weiter.

Viele flach im Boden verlaufende Wurzeln verankern die Pflanze im Boden, sodass sie auch bei starkem Wind nur selten umstürzt (Bild 3). Andere Pflanzen haben eine dicke Hauptwurzel, die senkrecht in den Boden wächst. Ihr entspringen meist zahlreiche Seitenwurzeln.

Durch ständiges Wachstum erreichen die Wurzeln der Pflanze immer wieder andere Bodenbereiche und können dort Wasser und Mineralsalze aufnehmen. Eine Pflanze hat den ihr zur Verfügung stehenden Boden schließlich dicht mit Wurzeln durchzogen.

1 Bei einer Roggenpflanze entspricht die Gesamtoberfläche der Wurzelhaare ungefähr der Fläche von fünf bis sechs großen Klassenräumen. Beschreibe an diesem Beispiel die Bedeutung der Wurzelhaare für die Pflanze.

2 Beschreibe die Wasseraufnahme der Wurzel.

7 Pflanzen im Umfeld der Schule

2 Wurzelhaare an einer Wurzel

3 Wurzelteller eines umgekippten Baumes

> Die Wurzel ist ein Grundorgan der Pflanze. Sie nimmt mit den Wurzelhaaren Wasser und Mineralsalze auf und verankert die Pflanzen im Boden.

1. Wurzelhaare

Gartenkresse kann bei genügender Luftfeuchte auch ohne Erde keimen. Dadurch ist es möglich, die feinen Wurzelhaare zu sehen, mit denen die Pflanzen Wasser und Nährsalze aus dem Boden aufnehmen.
Umwickele eine kleine Glasplatte (z.B. einen Objektträger) mit feuchtem Filterpapier. Am oberen Ende der Glasplatte legst du mehrere Samen der Gartenkresse aus. Stelle diese Platte - mit den Samen nach oben - schräg in ein kleines Marmeladenglas. Der Boden des Marmeladenglases ist einige Millimeter mit Wasser bedeckt. Man muss darauf achten, dass der untere Rand des Filterpapiers ins Wasser reicht. Das Marmeladenglas wird mit Klarsichtfolie abgedeckt und täglich beobachtet.

2. Wurzeln nehmen Wasser auf

Nimm eine junge Pflanze vom Fleißigen Lieschen aus dem Blumentopf. Spüle die Wurzeln ab und tauche sie in ein zu drei Viertel mit Wasser gefülltes Reagenzglas. Schütze die Wasseroberfläche mit einer dünnen Ölschicht gegen Verdunstung. Markiere den Wasserspiegel mit einem wasserfesten Stift. Stelle die Pflanze dann einen hellen, warmen Ort und miss nach 30 Minuten, 3 Stunden und nach 24 Stunden den Wasserstand in dem Glas. Beschreibe und erkläre das Versuchsergebnis.

7.8 Der Stängel – Stabilität und Wasserleitung

1 Wasserleitung im Stängel

Das Fleißige Lieschen ist bei uns als Topf- und Balkonpflanze bekannt. In einem Versuch wurde Wasser mit roter Tinte gefärbt. Ein abgeschnittener Stängel mit Blättern daran wurde in das gefärbte Wasser gestellt. Der Stängel färbte sich nach einiger Zeit von unten nach oben rot (Bild 1). Das gefärbte Wasser ist in Leitungsbahnen durch den Stängel nach oben geleitet worden. Die rote Tinte hat die **Leitungsbahnen** dabei gefärbt. In diesen röhrenartigen Wasserleitungsbahnen wird das Wasser mit den gelösten Mineralsalzen von der Wurzel durch den Stängel nach oben geleitet.

Der Stängel der Weißen Taubnessel ist vierkantig (Bild 2). Die Kanten springen wie Pfeiler vor und sind an den Ecken besonders verstärkt. Dadurch ist der Stängel so stabil, dass er auch durch den Wind kaum geknickt werden kann. Der Stängel der Weißen Taubnessel ist viel stabiler als menschliche Bauwerke. Er hat einen Durchmesser von einem halben Zentimeter und ist zirka 50 Zentimeter hoch. Ein Schornstein mit einem Durchmesser von 5 Metern müsste im Vergleich eine Höhe von 500 Metern haben. Eine äußere Haut umhüllt den Stängel und schützt ihn vor Einflüssen der Umwelt. Unter dieser äußeren Haut liegt die Rinde. An die Rinde schließt das Mark an, in dem die Pflanze Stoffe speichert. In der Mitte ist der Stängel hohl.

> Das Wasser wird im Stängel durch Leitungsbahnen nach oben geleitet. Der Bau des Stängels verleiht einer Pflanze Stabilität. Er wird nicht so schnell umgeknickt.

1 Das Wasser steigt bei den verschiedenen Pflanzenarten unterschiedlich schnell durch den Stängel auf:
– Birken etwa 1,8 Meter (180 cm) in der Stunde
– Eichen bis 42 Meter (4200 cm) in der Stunde
Berechne, wie viel Zentimeter das Wasser in der Minute aufsteigt.

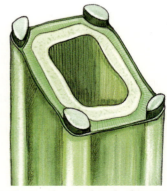

2 Querschnitt durch den Stängel der Weißen Taubnessel

7 Pflanzen im Umfeld der Schule

7.9 Das Laubblatt gibt Wasserdampf ab.

2 Blatt mit Blattadern

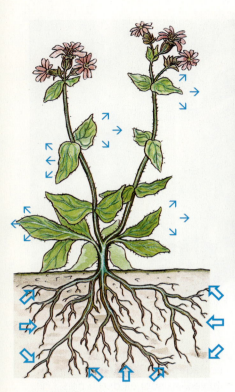

1 Wasserleitung in der Pflanze

Die Blätter der Weißen Taubnessel sind durch einen kurzen Stiel mit dem Stängel verbunden. Hältst du ein großes Blatt der Weißen Taubnessel gegen das Licht, so kannst du viele, sich verzweigende feine Linien erkennen (Bild 1). Das sind die Blattadern. In den Blattadern verlaufen die **Wasserleitungsbahnen** der Blätter. Sie sind durch den Blattstiel mit den Wasserleitungsbahnen in der Sprossachse verbunden. Das von der Wurzel aufgenommene Wasser wird durch die Leitungsbahnen der Blätter in das Innere des Blattes geleitet (Bild 2).

Den Aufbau des Blattinneren kann man nur mithilfe eines Mikroskops erkennen (Bild 3). Das Blatt wird nach außen durch eine Blatthaut begrenzt. Sie besteht aus kleinen eckig geformten Gebilden. Diese kleinen Gebilde nennt man **Zellen**. Die Blatthaut schützt das Blattinnere vor Verletzungen und verhindert die allzu schnelle Verdunstung des Wassers im Blatt. Unter der oberen Blatthaut befinden sich längliche Zellen. Die darunter liegenden Zellen sind nicht so dicht angeordnet. Zwischen ihnen bleiben viele Hohlräume wie bei einem Schwamm frei. Aus den Leitungsbahnen tritt Wasser in die Hohlräume über. Dabei vermischt sich das Wasser mit Luft. Es entsteht Wasserdampf.

In der unteren Blatthaut befinden sich spaltförmige Öffnungen. Die Unterseite des Blattes weist Tausende dieser **Spaltöffnungen** auf (Bild 4). Die Spaltöffnungen können von der Pflanze aktiv geöffnet oder geschlossen werden. Wenn die Spaltöffnungen geöffnet sind, kann Wasser als Dampf aus dem Blatt nach außen entweichen. Durch Öffnen und Schließen der Spaltöffnungen wird die Menge des austretenden Wasserdampfes reguliert. Diese

1 Beschreibe anhand von Bild 1 die Wasserleitung in der Pflanze.

2 Nimm ein möglichst großes Blatt der Weißen Taubnessel und zeichne den Umriss ab. Halte es gegen das Licht, um den Verlauf der Blattadern zu erkennen. Übertrage ihren Verlauf in deine Zeichnung, soweit du ihn erkennen kannst. Vergleiche mit Blättern von anderen Pflanzen.

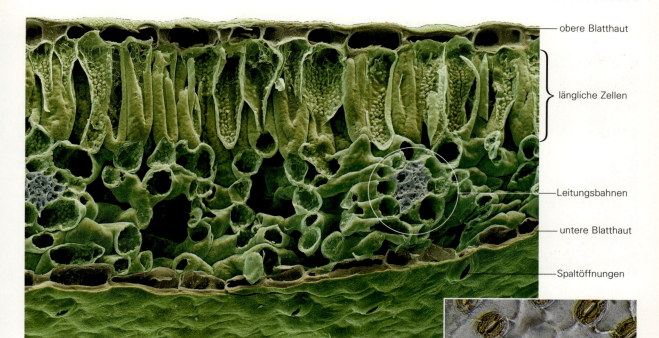

3 *Aufbau des Laubblattes (Querschnitt)*

geregelte Wasserdampfabgabe über die Spaltöffnungen bezeichnet man als **Transpiration**. Durch die Spaltöffnungen kann auch Luft von außen in das Blattinnere eintreten. Aus dem Blatt wiederum treten Gase aus, die bei den Lebensvorgängen der Pflanze entstanden sind.

> Aus den Leitungsbahnen wird Wasser in die Hohlräume im Blatt abgegeben. Der sich dort bildende Wasserdampf kann über die Spaltöffnungen nach außen abgegeben werden. Das nennt man Transpiration.

4 *Blattunterseite mit Spaltöffnungen*

1. Wasserabgabe durch die Blätter

Fülle zwei Glaszylinder jeweils mit der gleichen Menge Wasser. Stelle in das erste Gefäß einen Zweig mit Blättern, in das zweite einen Zweig ohne Blätter. Gib auf das Wasser in beiden Gefäßen etwas Öl. Die Ölschicht verhindert, dass das Wasser verdunstet. Markiere jeweils den Wasserstand. Stelle die Gefäße mehrere Tage auf die Fensterbank und kontrolliere täglich den Wasserstand. Notiere deine Messergebnisse und erkläre sie.

8 Blütenbau und Bestäubung

8.1 Von der Kirschblüte zur Kirschfrucht

1 Kirschblüte (längs durchgeschnitten)

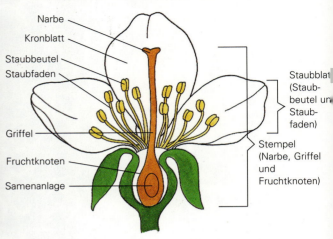

2 Schemazeichnung einer Kirschblüte

3 Biene auf einer Kirschblüte

4 Bestäubung bei der Kirsche (Schema)

1 Beschreibe die Anordnung der Blütenteile bei einer einzelnen Blüte. Nimm dazu Bild 1 und 2 zu Hilfe.

2 Häufig fällt die Kirschernte gering aus, wenn es zur Zeit der Kirschblüte sehr kalt war. Begründe.

3 Schreibe auf, was man unter Bestäubung und was man unter Befruchtung versteht.

Kirschbäume blühen etwa Ende April oder Anfang Mai. Bei trockenem, warmem Wetter besuchen viele Bienen einen blühenden Kirschbaum. Sie krabbeln in eine Blüte hinein und fliegen dann zur nächsten Blüte.

Aufbau einer Kirschblüte. Besonders auffällig sind die fünf weißen Kronblätter (Bild 1, 2). Auf die Kronblätter folgen nach innen viele längliche Gebilde, die am Ende jeweils eine gelbliche Verdickung tragen. Diese Verdickungen sind die Staubbeutel. In jedem Staubbeutel befindet sich Blütenstaub. Man nennt den Blütenstaub auch Pollen. Er besteht aus vielen winzig kleinen Körnern, die man einzeln mit dem bloßem Auge kaum mehr erkennen kann. Diese Körner heißen Pollenkörner. Wenn es warm genug ist, platzen die Staubbeutel auf. Dabei werden die **Pollenkörner** frei.

In der Mitte einer Kirschblüte steht der **Stempel**. Er wird so genannt, weil er Ähnlichkeit mit einem auf dem Kopf stehenden Stempel hat. Der obere Teil des Stempels heißt **Narbe**. Der verdickte Teil des Stempels ist der **Fruchtknoten** (Bild 1, 2). Aus dem Fruchtknoten bildet sich später die Kirschfrucht. Im Inneren des Fruchtknotens befindet sich die Samenanlage. Aus der Samenanlage kann sich später ein Samen, der Kirschkern, entwickeln.

Bienen bestäuben Kirschblüten. Bienen können bestimmte Farben sehen und Gerüche wahrnehmen. Durch die auffälligen Kronblätter und den Duft der Kirschblüten werden Bienen angelockt. Bienen saugen den süßen Nektar aus den Blüten und sammeln Pollen als Nahrung für die jungen Bienen im Bienenstock. Wenn eine Biene auf einer Kirschblüte herumkrabbelt, berührt sie auch die Staubbeutel (Bild 3, 4). Dabei bleiben Pollenkörner an der Biene haften. Wenn die Biene eine andere Blüte auf einem anderen Kirschbaum besucht, können Pollenkörner an der klebrigen Narbe dieser Blüte haften bleiben. Man nennt es **Bestäubung**, wenn Pollenkörner auf die Narbe einer Blüte gelangen. Nur aus bestäubten Blüten können sich Kirschfrüchte entwickeln. Bestäubung führt bei der Kirsche nur dann zur Fruchtbildung, wenn der Pollen von einem anderen Kirschbaum kommt.

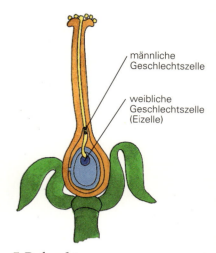
5 Befruchtung

Befruchtung. Ein Pollenkorn wächst schlauchförmig von der Narbe durch den Griffel zum Fruchtknoten hin (Bild 5). Dabei gelangen männliche Geschlechtszellen in den Fruchtknoten. Dort liegt eine weibliche Geschlechtszelle, die Eizelle. Die männliche Geschlechtszelle verschmilzt mit der Eizelle. Diesen Vorgang nennt man **Befruchtung**. Mit der Befruchtung beginnt die Entwicklung einer Kirschfrucht.

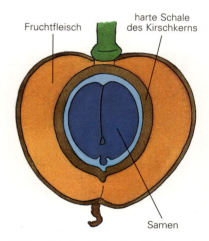
6 Frucht der Kirsche (Schema)

Entwicklung der Kirschfrucht. In den Wochen nach der Befruchtung wird der Fruchtknoten immer dicker. Der Fruchtknoten wird zur Kirschfrucht. Sie ist zunächst grün. Die reife Kirschfrucht ist gelb oder rot gefärbt. Im Inneren der Kirschfrucht befindet sich der Samen. Er ist von der harten Schale des Kirschkerns umgeben (Bild 6, 7). Aus dem Samen kann später eine junge Kirschpflanze hervorwachsen. Daraus kann im Laufe einiger Jahre ein großer Kirschbaum werden. Man spricht von **Fortpflanzung**, wenn aus einer Kirschblüte nach Bestäubung und Befruchtung eine Kirschfrucht mit Samen geworden ist.

> Blüten dienen der Fortpflanzung. Viele Insekten, insbesondere Bienen bestäuben Kirschblüten. Die Bestäubung ist Voraussetzung für die Befruchtung. Nach der Befruchtung entwickelt sich der Fruchtknoten zur Kirschfrucht. Die Kirschfrucht enthält im Kirschkern einen Samen.

7 Kirschfrucht mit Kirschkern

8 Blütenbau und Bestäubung

1 Beschreibe die Verbreitung von Früchten und Samen am Beispiel von Löwenzahn, Sumpfdotterblume, Großer Klette und Springkraut (Bild 1).

2 Zähle die einzelnen Früchte (Fallschirme) eines Fruchtstandes vom Löwenzahn. Eine Pflanze kann im Jahr 25 Fruchtstände haben. Berechne die Anzahl der einzelnen Früchte im Jahr.

8.2 Früchte und Samen

Mit Früchten und Samen verbreiten sich Pflanzen und können neue Lebensräume erobern. In Früchten ist der Samen sicher eingeschlossen. Die Frucht entsteht aus Teilen der Blüte. Die Früchte des Löwenzahns können über zehn Kilometer weit mit dem Wind verbreitet werden (Bild 1a). Die Samen der an Gräben und Bachufern wachsenden Sumpfdotterblume können auf dem Wasser schwimmen und so verbreitet werden (Bild 1b). Bei der Großen Klette haben die Früchte hakenförmig gebogene Spitzen (Bild 1c). Sie bleiben im Haarkleid von vorbeistreichenden Tieren oder in der Kleidung eines Menschen hängen. Das Springkraut wächst in Wäldern. Die reifen Früchte des Springkrautes können schon bei der geringsten Berührung aufplatzen (Bild 1d). Dabei werden die Samen meterweit fortgeschleudert. Weil beim Springkraut die Einrichtung zur Verbreitung der Samen selbst vorhanden ist, spricht man von **Selbstverbreitung**.

> Die Verbreitung von Samen und Früchten erfolgt durch Wind, Wasser, Tiere, Menschen oder durch Selbstverbreitung.

V

1. Baue ein Modell der Ahornfrucht

Sammle einige Früchte vom Ahorn. Nimm eine Frucht zwischen Daumen und Zeigefinger, recke die Hand so hoch du kannst und lass dann los. Beobachte den Flug der Ahornfrucht. Führe den Versuch im Klassenzimmer und bei Wind im Freien durch. Baue aus Papier ein Modell der Ahornfrucht nach der unten stehenden Anleitung. Beschwere das Modell mit einer Büroklammer. Führe mit dem Modell Flugversuche durch.

Ahornfrucht

Ahornfrucht im Fluge

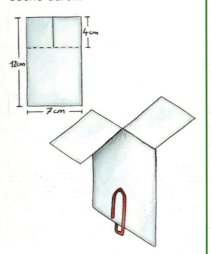

Modell der Ahornfrucht

a) Verbreitung durch Wind beim Löwenzahn

b) Verbreitung durch Wasser bei der Sumpfdotterblume

c) Verbreitung durch Tiere bei der Großen Klette

Korrektur: Platzierung —

d) Selbstverbreitung beim Springkraut

1 Beispiele für die Verbreitung von Samen und Früchten

8 Blütenbau und Bestäubung

8.3 Bestäubung durch Insekten und Wind

2 Biene mit Pollen

1 Biene sammelt Nektar

Bienen ernähren sich vom Nektar am Grunde der Blüten. Die Honigbiene erreicht ihn mit ihrem Rüssel. Im Rüssel sitzt die Zunge. Ihr Ende besitzt die Form eines Löffelchens (Bild 3). Damit wird der Nektar aufgenommen. Die Blüte der Rundblättrigen Glockenblume ermöglicht Bienen eine leichte Landung (Bild 1). Der Zugang zum Nektar im Inneren der Blüte ist sehr eng. Nur schwere Insekten wie Bienen können an den Nektar gelangen. Man bezeichnet diese Blüten als **Bienenblüten**. Die Bienen kommen mit Pollen in Berührung, der sich auf ihrem Körper festsetzt (Bild 2). Auf einem Sammelflug besuchen sie meistens nur Blüten derselben Pflanzenart. Mit dem Pollen der einen Glockenblume bestäuben sie andere Glockenblumen. Auf diese Weise ist die Bestäubung der Blüten gesichert.

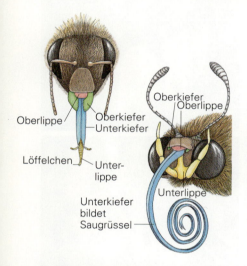

3 Rüssel von Honigbiene und Schmetterling

Auch Schmetterlinge wie der Kleine Fuchs ernähren sich vom Nektar (Bild 4). Mitunter findet man ihn auf den Blüten der Roten Lichtnelke. Die Blüte der Roten Lichtnelke ist lang und im

4 Kleiner Fuchs

5 Schmetterling auf Roter Lichtnelke

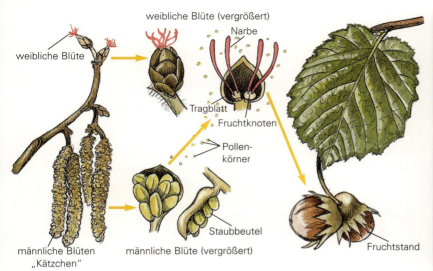

6 Blühender Haselnussstrauch

7 Männliche und weibliche Blüte der Hasel

unteren Bereich sehr eng. Mithilfe seines langen Rüssels kann der Kleine Fuchs tief in die enge Blüte eindringen und an den Nektar gelangen (Bild 3 und 5). Dabei kommt er mit Pollen in Berührung. Wenn er wieder eine Blüte der Roten Lichtnelke besucht, überträgt er den Pollen auf die Narbe. Es kommt zur Bestäubung.

Blütenpflanzen, die **von Insekten bestäubt** werden, locken mit Nektar, Duft und weißen oder farbigen Blüten. Bienen und Schmetterlinge sammeln Nektar aus unterschiedlichen Blüten. Daher nehmen sie sich nicht gegenseitig den Nektar weg. Man sagt auch: sie treten nicht in Konkurrenz um den Nektar. Sie sind jeweils Spezialisten für bestimmte Blütenformen.

Der Haselstrauch ist ein Beispiel für eine Pflanze, die **durch Wind bestäubt** wird. Im Frühjahr verstäuben die Kätzchen des Haselstrauchs ihre Pollenkörner (Bild 6 und 7). Die Kätzchen sind die männlichen Blüten. Jedes einzelne Kätzchen bildet ungefähr 200 Millionen Pollenkörner. Sie werden mit dem Wind davongetragen. So gelangt Pollen auf die Narben der roten weiblichen Blüten (Bild 6). Zu den Pflanzen, die vom Wind bestäubt werden, gehören auch Birke, Eiche, Hainbuche, Nadelbäume, Getreide und Gräser. Diese Pflanzen stellen keinen Nektar her. Ihre unscheinbaren Blüten duften nicht und die Pollen sind nicht klebrig. Staubblätter und Narben liegen nicht im Inneren der Blüten, sondern sind dem Wind ausgesetzt.

> Durch ihre unterschiedlichen Mundwerkzeuge sind Biene und Kleiner Fuchs auf bestimmte Blüten spezialisiert. Bestimmte Pflanzenblüten werden durch Insekten bestäubt, andere Pflanzenblüten durch den Wind.

1 Betrachte Bild 2 und beschreibe, an welchen Stellen des Bienenkörpers Pollen haftet.

2 Beschreibe den Aufbau der Mundwerkzeuge der Biene. Warum sind sie gut für die Aufnahme von Nektar geeignet? Beschreibe die Nektaraufnahme.

3 Ist die Spezialisierung der Insekten auch für Pflanzen vorteilhaft? Begründe.

4 Nenne Gemeinsamkeiten der Pflanzen, die von Insekten bestäubt werden und Gemeinsamkeiten der Pflanzen, die, vom Wind bestäubt werden.

5 Gib für Pflanzen auf dem Schulgelände an, ob sie durch Wind oder durch Insekten bestäubt werden.

8 Blütenbau und Bestäubung

8.4 Keimung und Wachstum

Aus einem Samen entwickelt sich eine Jungpflanze mit den ersten grünen Blättern. Diesen Vorgang bezeichnet man als **Keimung**. In Bild 2 ist der Verlauf der Keimung einer Feuerbohne dargestellt.

Wenn du trockene Feuerbohnen in Wasser oder feuchte Erde legst, werden sie größer, weil sie Wasser aufnehmen. Man spricht von **Quellung**, wenn sich ein Körper durch Wasseraufnahme ausdehnt (Bild 1). Gequollene Bohnen sind weicher und die Schale kann leicht vom Samen entfernt werden. Wenn man die beiden Hälften einer gequollenen Bohne auseinander klappt, sieht man den **Keimling**. Er hat eine Knospe und die ersten beiden, noch nicht grünen Laubblätter, einen Stängel und eine Wurzel. Der Keimling ist eine kleine Pflanze (Bild 2).

Die Wurzel des Keimlings wächst nach unten ins Erdreich (Bild 3). Der Stängel mit der Knospe und den Blättern wächst in die entgegengesetzte Richtung. Wenn der Stängel und die beiden ersten Laubblätter aus dem Erdreich heraus an das Licht der Sonne gewachsen sind, werden sie grün.

Eine Feuerbohne, die im Garten heranwächst, ist verschiedenen Einflüssen ausgesetzt. Die Pflanze wurzelt in der Erde und nimmt Wasser und Mineralsalze aus dem Boden auf. Die Pflanze ist von Luft umgeben. Tagsüber erhält die Pflanze Licht von der Sonne. Wenn Erde und Luft genügend warm sind, wächst die Pflanze gut. Erde, Wasser, Luft, Licht und Wärme beeinflussen das Wachstum der Pflanze.

1 Ungequollene und gequollene Feuerbohne

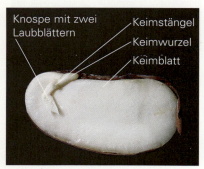

2 Aufgeklappte Seite der Feuerbohne

1 Schon die Menschen im alten Ägypten waren in der Lage Gesteinsbrocken aus Felsen herauszusprengen. Man zwängte trockenes Holz in Gesteinsritzen und übergoss es immer wieder mit Wasser. Begründe, warum dieses Verfahren erfolgreich angewendet werden konnte.

3 Keimung einer Feuerbohne

Man sagt, Erde, Wasser, Luft, Licht und Wärme sind **Wachstumsbedingungen** der Pflanze. Wenn eine dieser Bedingungen nicht vorhanden ist, wächst die Pflanze weniger gut oder stirbt sogar. Zum Beispiel wächst eine Pflanze nicht in einem trockenen Boden ohne Wasser. Niedrige Temperaturen sind ebenfalls ungünstig für das Wachstum. Unter günstigen Bedingungen dagegen kann eine Feuerbohne in drei Wochen eine fast zwei Meter hohe Pflanze werden.

> Als Keimung bezeichnet man den Vorgang, bei dem sich aus einem Samen eine Jungpflanze mit den ersten grünen Blättern entwickelt. Erde, Wasser, Luft, Licht und Wärme sind Bedingungen für das Wachstum einer Pflanze.

2 Beschreibe anhand von Bild 2 den Vorgang der Keimung bei einer Feuerbohne.

3 Bild 4 zeigt die Ergebnisse eines Keimungsversuchs mit Kressesamen. Die Kressesamen wurden eine Zeit lang unter verschiedenen Bedingungen gehalten. In Schale 1 waren alle Wachstumsbedingungen vorhanden. Bei den Schalen 2 bis 6 fehlte je eine Wachstumsbedingung. Das wurde in der unten stehenden Übersicht durch ein Minuszeichen deutlich gemacht. In Schale 6 wurde Watte statt Erde genommen.
Werte den Keimungsversuch (Bild 4) aus. Gib mit Begründungen an, welche Bedingungen Kressesamen für die Keimung brauchen.

4 Plant gemeinsam einen Versuch zur Keimung von Feuerbohnen.

4 *Keimung der Kresse unter verschiedenen Bedingungen*

Bedingungen	Schale Nr.					
	1	2	3	4	5	6
Wasser	+	−	+	+	+	+
Licht	+	+	−	+	+	+
Luft	+	+	+	−	+	+
Wärme	+	+	+	+	−	+
Erde	+	+	+	+	+	−

M 8 Blütenbau und Bestäubung

1 Kirschblüte

8.5 So entsteht ein Blütendiagramm

In vielen Pflanzenbüchern findet man neben Fotos und Beschreibungen auch ein vereinfachtes Schema der Blüte. Diese Darstellung wird **Blütendiagramm** genannt. Das Blütendiagramm erleichtert den Vergleich von Blüten. Wie ein Blütendiagramm Schritt für Schritt entsteht, kannst du im Versuch nachvollziehen.

Die verschiedenen Teile der Blüte werden durch festgelegte Farben gekennzeichnet. Die Farbe Grün ist den Kelchblättern vorbehalten. Rot werden die Kronblätter dargestellt, während die Staubblätter an der gelben Farbe zu erkennen sind. Der Fruchtknoten erhält die violette Farbe.

Alle Teile der Blüte werden in der Aufsicht abgebildet. Daher ist die Darstellung Platz sparend und übersichtlich. Die Blütenteile werden dabei auf Kreisen angeordnet. Die Kelchblätter liegen auf dem äußeren Kreis. Auf dem nächsten Kreis nach innen folgen die Kronblätter. Nach innen kommen dann die Staubblätter, die auch auf mehreren Kreisen angeordnet sein können. Im Zentrum des Kreises wird der Fruchtknoten angeordnet. Wenn man die Blütendiagramme verschiedener Pflanzen vergleicht, stellt man Übereinstimmungen und Unterschiede fest. Die Blüten von Kirsche, Birne, Apfel, Pflaume, Erdbeere und Heckenrose sind gleich aufgebaut. Diese Pflanzen gehören zur Pflanzenfamilie Rosengewächse.

1 Besorge dir verschiedene Blüten, z. B. Birne, Apfel, Pflaume und zerlege sie.

2 Erstelle Blütendiagramme. Schau dir dazu die Anleitung genau an.

3 Stelle anhand des Blütendiagrammes die Merkmale der Familie der Rosengewächse dar.

V

1. Ein Blütendiagramm erstellen

Zerlege eine Kirschblüte vorsichtig in ihre Bestandteile. Beginne mit den Kelchblättern. Zupfe sie vorsichtig aus. Zupfe dann die Kronblätter aus. Nun ziehe vorsichtig Stempel und Staubblätter heraus. Ordne die Teile auf einer dunklen Unterlage so an, wie sie in der Blüte standen.

Zeichne auf ein helles Blatt Papier sechs ineinander angeordnete Kreise. Auf den äußeren Kreis zeichne die Kelchblätter ein. Auf den nach innen folgenden Kreis zeichne die Kronblätter. Die Staubblätter werden auf drei Kreisen um den Stempel herum angeordnet. Den Fruchtknoten bringst du auf den inneren Kreis.

Aus diesem Blütengrundriss kannst du leicht ein Blütendiagramm entwickeln und zeichnen, wie es unten dargestellt ist.

Zum leichteren Vergleich wurden die folgenden Zeichnungen und Blütendiagramme farblich gleich gestaltet:

- ■ Kelchblätter
- ■ Kronblätter
- ■ Fruchtknoten
- ■ Staubblätter

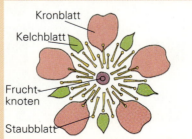

 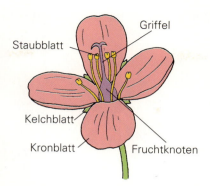 

2 Wiesenschaumkraut: Blüte, Schemazeichnung, Blütendiagramm

 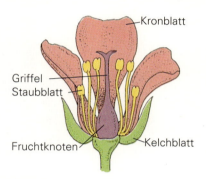 

3 Raps: Blüte, Schemazeichnung Blütendiagramm

Pflanzenarten mit ähnlichem Blütenbau werden verwandt genannt. Man fasst sie zu größeren Gruppen zusammen, den so genannten **Familien**.

Auf feuchten Wiesen blüht im Frühjahr das Wiesenschaumkraut. Es besitzt vier Kelchblätter und vier Kronblätter. Dazu kommen vier Staubblätter mit langen Staubfäden und zwei mit kurzen Staubfäden. Die Kelchblätter stehen sich kreuzförmig gegenüber. Die Kronblätter sind ebenfalls kreuzförmig angeordnet. Auch die vier Staubblätter mit den langen Staubfäden stehen an den vier Eckpunkten eines gedachten Kreuzes (Bild 2).

Im Mai leuchten von vielen Feldern die goldgelben Blüten der Rapspflanzen. Die Rapsblüte weist genau wie die Blüte des Wiesenschaumkrautes vier Kelchblätter und vier Kronblätter auf (Bild 3). Auch in ihrer Blüte stehen vier Staubblätter mit langen Staubfäden und zwei mit kurzen. Die Teile der Blüte sind ebenfalls kreuzförmig angeordnet. Aufgrund des ähnlichen Baus ihrer Blüten sind Raps und Wiesenschaumkraut verwandt. Sie gehören zur Pflanzenfamilie der **Kreuzblütler**.

> Die Verwandtschaft von Pflanzen lässt sich am besten am Bau der Blüten feststellen. In einem Blütendiagramm wird der Aufbau von Blüten vereinfacht dargestellt.

4 Zerlege eine Blüte vom Raps. Nimm eine Styroporunterlage und befestige darauf die Blütenteile mit Stecknadeln. In die Mitte bringst du den Stempel und dann folgen die Teile, die ihm am nächsten stehen. Ordne sie in Kreisform an, wie du es vom Blütengrundriss her kennst. Beachte die Stellung von Kelch- und Blütenblättern.

8 Blütenbau und Bestäubung

8.6 Es gibt viele Nelkengewächse – Bestimmungsschlüssel

 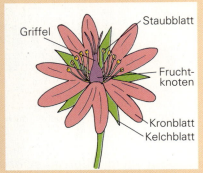 

1 Echte Sternmiere: Blüte, Schemazeichnung, Blütendiagramm

 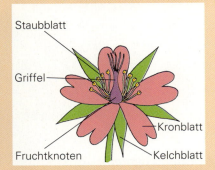 

2 Gemeines Hornkraut: Blüte, Schemazeichnung, Blütendiagramm

Echte Sternmiere und Gemeines Hornkraut weisen einen anderen Blütenbau als Kirsche oder Raps auf. Sie besitzen fünf Kelch- und fünf Kronblätter (Bild 1, 2). In der Blüte sind zehn Staubblätter kreisförmig angeordnet. Pflanzenarten, die solche Merkmale ausgebildet haben, werden der Familie der **Nelkengewächse** zugeordnet. Andere bekannte Nelkengewächse sind die Lichtnelke und das Leimkraut.

Auf den ersten Blick sehen die Blüten von Pflanzen aus der Familie der Nelkengewächse sehr ähnlich aus. Aber sie unterscheiden sich in einem wichtigen Merkmal. Der Bau des Stempels ist unterschiedlich: Die Echte Sternmiere besitzt nur drei Griffel, das Gemeine Hornkraut hingegen fünf. Das Acker-Hornkraut hat ebenso wie das Gemeine Hornkraut fünf Griffel (Bild 2, 4). Die Gras-Sternmiere weist hingegen ebenso wie die Echte Sternmiere nur drei Griffel auf (Bild 1, 3). Man kann die Nelkengewächse ordnen. Sie bilden zwei Gruppen. Solche Gruppen werden in der Biologie als **Gattungen** bezeichnet. Bei den Nelkengewächsen sind dies die Gattungen „Hornkräuter" und „Sternmieren".

Innerhalb der Gattung unterscheiden sich die **Arten** voneinander. Die Kronblätter der Echten Sternmiere sind nur im oberen Drittel zweispaltig. Die Kronblätter der Gras-Sternmiere sind tief geteilt.

1 Vergleiche Echte Sternmiere (Bild 1) und Gemeines Hornkraut (Bild 2). Notiere Gemeinsamkeiten und Unterschiede.

2 Vergleiche den Blütenbau von Acker-Hornkraut (Bild 4) und Gras-Sternmiere (Bild 3). Welche Gemeinsamkeiten und welche Unterschiede fallen dir auf? Notiere deine Ergebnisse.

   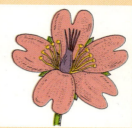

3 Gras-Sternmiere **4** Acker-Hornkraut

Beim Acker-Hornkraut sind die Kronblätter deutlich länger als die Kelchblätter. Das Gemeine Hornkraut weist Kronblätter auf, die kürzer als der Kelch sind.

Die Unterscheidungsmerkmale der Gattungen und Arten können in einem **Bestimmungsschlüssel** festgehalten werden (Bild 5). Bei der ersten Verzweigung muss man sich zwischen zwei Merkmalen entscheiden. So gelangt man zur richtigen Gattung. Bei der nächsten Verzweigung muss wieder zwischen zwei Möglichkeiten entschieden werden. Auf diese Weise kommt man schließlich zur richtigen Art.

> Innerhalb einer Familie werden im Blütenbau ähnliche Pflanzenarten zu Gattungen zusammengefasst. Ähnliche Gattungen bilden eine Pflanzenfamilie. Mithilfe eines Bestimmungsschlüssels können Pflanzenarten und Gattungen bestimmt werden.

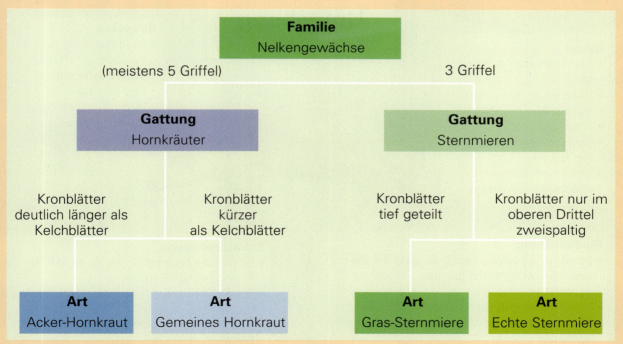

5 Bestimmungsschlüssel

G Pflanzen und Tiere

Hunde
- Wölfe sind die Vorfahren der Haushunde.
- Es gibt Gemeinsamkeiten im Körperbau und in der Lebensweise, z.B.: Hunde sind ausdauernde und schnelle Läufer, Hunde sind Fleischfresser.
- Verhaltensweisen von Wölfen kann man auch bei Hunden beobachten.

Tierhaltung
- Haustiere haben bestimmte Ansprüche an Haltung und Pflege, die sich aus der Lebensweise ihrer wilden Vorfahren herleiten.
- Wer Haustiere hält übernimmt Verantwortung.

Katzen
- Sie stammen von der Falbkatze ab.
- hören sehr gut und können auch im Dunkeln gut sehen, sodass sie vor allem in der Nacht auf Jagd gehen.
- ergreifen die Beute mit den spitzen Krallen.
- haben ein Fleischfressergebiss.

Pferde
- Vorfahren Wildpferde, die in Steppen lebten.
- Früher wichtiges Nutztier, heute Haustier.
- brauchen intensive Pflege und viel Bewegung.

Säugetiere in unserer Umgebung

Schweine
- stammen von Wildschweinen ab.
- sind Allesfresser.
- sind wichtige Fleischlieferanten.

Rinder
- Stammen vom Auerrind ab.
- Gehören zu den ältesten Nutztieren.
- Sind Paarhufer.
- Sind Pflanzenfresser mit vier Mägen.
- Sind Wiederkäuer mit Pflanzenfressergebiss.

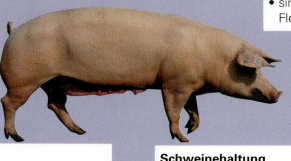

Rinderhaltung
- Artgemäße Haltung bedeutet, dass auf die Lebensgewohnheiten der Tiere Rücksicht genommen wird.
- Kühe werden für die Milchproduktion genutzt.
- Mastbullen werden für die Fleischproduktion gemästet.

Schweinehaltung
- Es gibt die Haltung für die Zucht, d.h. für die Erzeugung von Ferkeln.
- Schweinemastbetriebe mästen die Schweine bis zur Schlachtreife.
- Haltungsformen sind Boxenhaltung oder Freilandhaltung.

Wurzel
- Wurzelhaare nehmen Wasser und Mineralsalze auf.
- Beides wird durch Leitungsbahnen in den Stängel transportiert.

Stängel
- gibt Stabilität.
- leitet Wasser und Mineralsalze durch Leitungsbahnen in die Blätter.

Laubblatt
Aus den Leitungsbahnen tritt Wasser in die Hohlräume des Blattes.
Der sich bildende Wasserdampf wird über die Spaltöffnungen nach außen abgegeben. Dieser Vorgang heißt **Transpiration**.

Pflanzenarten haben Merkmale
- Blütenfarbe
- Blütenbau
- Stängel
- Blätter
- Geruch

Die Blüte hat
- auffällige Kronblätter.
- Staubblätter mit Staubbeuteln.
- Der Stempel wird aus Fruchtknoten, Griffel und Narbe gebildet.

Aufbau
- Die Wurzel ist nicht grün, verankert die Pflanze im Erdreich.
- Stängel wächst nach oben, trägt Blätter und Blüten.
- Eine verholzte Sprossachse wird Stamm genannt.

Früchte und Samen
- aus dem Fruchtknoten wird die Frucht.
- aus der befruchteten Eizelle entsteht der Samen.

Schutz
- allgemeiner Schutz
- besonders geschützte Pflanzen
- Bundesnaturschutzgesetz
- Bayerisches Naturschutzgesetz

Pflanzen

Keimung
- In feuchter Erde quillt der Samen auf. Es entwickelt sich eine Jungpflanze.
- Erde, Wasser, Luft und Licht sind Bedingungen für das Wachstum einer Pflanze.

Bei der Bestäubung
- gelangen Pollenkörner durch Insekten oder Wind auf die Narbe einer Blüte.

Bei der Befruchtung
- wächst der Pollenschlauch bis zum Fruchtknoten.
- Die darin befindlichen männlichen Geschlechtszellen verschmelzen mit den weiblichen im Fruchtknoten.

Lebensräume sind z.B.:
- Bahnhof
- Innenstadt
- Siedlung
- Fußweg
- Acker

Wiederholen, Üben, Anwenden, Vertiefen

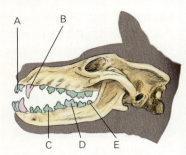

1 Schädel und Gebiss des Hundes

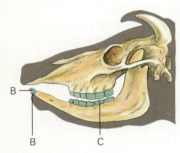

2 Schädel und Gebiss des Rindes

Lege dazu eine Tabelle nach folgendem Muster an:

Buchstabe	Name der Zähne

Beschreibe die Unterschiede.

7 Beschreibe moderne Formen der Rinderhaltung.

8 Vergleiche die Nahrung von Hund, Katze, Pferd, Rind und Schwein.
Ordne die Tierarten nach ihrer Nahrung in Gruppen. Beschreibe die Unterschiede der Gruppen.

9 Nenne wichtige Merkmale der Säugetiere.

10 Erläutere, welchem Zweck das Naturschutzgesetz dient.

4 Spaltöffnungen

16 Welche Funktion besitzen die Spaltöffnungen (Bild 4)?

17 Erkläre den Begriff Transpiration.

18 Beschreibe den Aufbau einer Kirschblüte (Bild 5). Benenne die Teile mit dem richtigen Namen.

19 Erkläre den Unterschied zwischen Bestäubung und Befruchtung.

1 Woran kann man erkennen, dass Hunde Fleischfresser sind. Beschreibe ausführlich.

2 Beschreibe das Zusammenleben der Wölfe.

3 Beschreibe den Beutefang der Katze. Warum können sie sehr gut in der Nacht jagen?

4 Was bedeutet der Satz „Pferde sind Fluchttiere"? Erkläre ausführlich.

5 Das Rind ist ein Pflanzenfresser. Begründe diese Aussage.

6 Vergleiche das Gebiss von Hund und Rind (Bild 1 und 2). Benenne die Zähne der beiden Gebisse.

3 Bau der Blütenpflanze

11 Aus welchen Teilen ist eine Blütenpflanze aufgebaut (Bild 3)?

12 Wie unterscheiden sich Stängel und Stamm?

13 Welche Bedeutung hat der Stängel für eine Pflanze?

14 Beschreibe den inneren und äußeren Bau einer Wurzel.

15. Beschreibe den Bau des Blattes.

20 Aus welchem Teil der Blüte entsteht die Kirschfrucht?

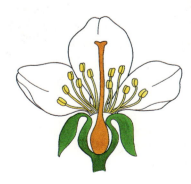

5 Kirschblüte

6 Keimung einer Bohnenpflanze

7 Blütendiagramm Kreuzblütler

8 Blütendiagramm Nelkengewächse

9 Hornkraut

10 Sternmiere

25 Beschreibe den Ablauf der Keimung einer Bohnenpflanze (Bild 6). Verwende die richtigen Fachbegriffe.

26 Nenne Merkmale der Pflanzenfamilie der Kreuzblütler.

27 Welche Merkmale weisen die Nelkengewächse auf (Bild 8)?

28 Nenne Unterschiede zwischen den Gattungen „Hornkräuter" und „Sternmieren".

29 Beschreibe den Aufbau eines Bestimmungsschlüssels.

21 Unterscheide Früchte und Samen.

22 Nenne und beschreibe verschiedene Verbreitungsformen von Früchten und Samen.

23 Unterscheide Bestäubung durch Insekten und Wind. Beschreibe ausführlich.

24 Beschreibe den unterschiedlichen Bau von Blüten, die durch Insekten bzw. den Wind bestäubt werden.

Stoffe im Alltag

Täglich geht jeder von uns mit vielen verschiedenen Stoffen um. Eigenschaften von Stoffen sind zum Beispiel Farbe, Form, Geruch und Härte. Manche Stoffe lösen sich in Wasser, einige Stoffe brennen leicht, wieder andere Stoffe werden von Magneten angezogen. Verschiedene Stoffe kann man nach ihren Eigenschaften trennen oder sortieren.

Das hier abgebildete Spielzeug wurde von Kindern gebastelt, die sehr arm sind. Sie haben kein Geld für neues Spielzeug. Flaschendeckel und Blechdosen waren diesen Kindern zu wertvoll, um sie einfach achtlos im Abfall liegen zu lassen. Sie wurden von den Kindern verwertet.

Heute wird bei uns Abfall, zum Beispiel aus Papier, Blech oder Glas, sortiert und getrennt gesammelt. Viele Abfallstoffe sind wertvoll. Sie können wieder verwertet werden. Zum Beispiel kann aus Papierabfall wieder Papier, aus leeren Gläsern können wieder Glasbehälter hergestellt werden. – Am besten ist es, Abfall zu vermeiden. Dafür kann jeder etwas tun, zum Beispiel beim Pausenfrühstück oder beim Einkauf.

9 Stoffe kennen – unterscheiden – trennen – verwerten

9.1 Stoffe kennen lernen

1 Durcheinander verschiedener Gegenstände

1 Sieh dich im Klassenzimmer um. Du kannst viele verschiedene Körper entdecken. Aus welchem Stoff bestehen sie jeweils?

2 Nenne unterschiedliche Stoffe, aus denen eine Tasse bestehen kann?

3 Nenne jeweils fünf Gegenstände, die aus Metall, Holz, Papier, Plastik bzw. Glas bestehen.

Felix hat der Mutter versprochen, seinen Geschwistern beim Aufräumen zu helfen. Da fällt ihm ein Spiel ein: „Ich sehe etwas, was du nicht siehst, und das ist rot!" Durch weitere Fragen versuchen die Geschwister zu erraten, was er sieht. Weißt du, was er gesehen hat? Es ist rot, ein bisschen durchsichtig, süß, hart, es ist aus Zucker – es ist ein Lutscher. Spielst du nun das Spiel im Zimmer von Felix weiter, findest du viele verschiedene Gegenstände: harte Bausteine aus Plastik, bunte Luftballons aus Gummi, weiche Stofftiere, bunte Bücher aus Papier und Pappe und glänzende, harte Kugeln aus Holz als Perlenkette aufgereiht (Bild 1).

Gegenstände haben verschiedene Formen und bestehen aus unterschiedlichen Stoffen. Du hast die Stoffe an einigen Eigenschaften erkannt.

Anders sieht es in der Kugelsammlung von Felix aus: Hier gibt es nur kugelförmige Gegenstände. Obwohl sie alle die gleiche Form haben, kannst du Kugeln aus Holz, aus Glas, aus Gummi, aus Plastik und aus Metall unterscheiden (Bild 2). Die kugelförmigen Gegenstände bestehen aus unterschiedlichen Stoffen. Doch um dich herum gibt es nicht nur **feste Stoffe**. Wasser, Benzin, Öl, Milch und Tee sind **flüssige Stoffe** und die Luft ist ein **gasförmiger Stoff**.

Stoffe erkennt man an ihren typischen Eigenschaften. Unsere Sinnesorgane ermöglichen es, viele Eigenschaften zu erkennen und so Stoffe zu ordnen (Bild 3).

2 Die Formen gleichen sich – die Stoffe sind unterschiedlich

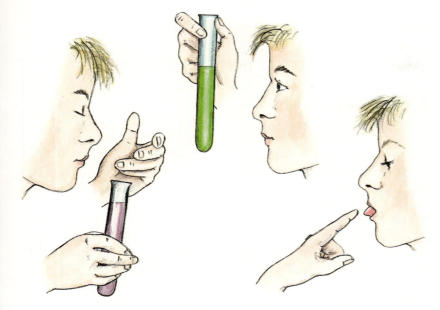

3 Deine Sinne können dir helfen, Stoffe zu untersuchen

Mit den Augen kannst du die verschiedenen **Farben** der Stoffe erkennen. Du kannst auch zwischen matten und glänzenden, durchsichtigen und undurchsichtigen Stoffen unterscheiden.

Mit den Fingern kannst du ertasten, welche **Form** ein Körper hat und wie sich seine Oberfläche anfühlt, zum Beispiel ob sie rau oder glatt ist.

Es lassen sich süß, salzig, bitter und sauer als **Geschmack** unterscheiden. Eine große Anzahl von Stoffen verursacht schon in kleinen Mengen Vergiftungen oder Verätzungen, wenn sie in den Mund gelangen. Daher ist es sehr gefährlich, den Geschmack unbekannter Stoffe mit der Zunge zu prüfen.

Zahlreiche Stoffe kannst du an ihrem charakteristischen **Geruch** erkennen, zum Beispiel Essig, Kaffee, Zimt oder Vanille. Bei Geruchsproben solltest du sehr vorsichtig vorgehen, da viele Stoffe stechend riechen oder sogar giftig sind. Daher ist es auf keinen Fall erlaubt, mit der Nase direkt den Geruch aufzunehmen. Bei einer Geruchsprobe fächelst du dir den Geruchsstoff vorsichtig mit der Hand zur Nase (Bild 4). So kannst du nur ganz kleine Mengen des Stoffes einatmen. Das musst du bei jeder Geruchsprobe berücksichtigen.

| Gegenstände bestehen aus unterschiedlichen Stoffen. Stoffe können fest, flüssig oder gasförmig sein.

Mithilfe der Sinnesorgane Stoffe untersuchen

1. Beschreibe möglichst genau das Aussehen von folgenden pulverförmigen Stoffen:
Kochsalz, Eisen, Zucker, Mehl, Kakao, Kaffee, Vanille.

2. Führe eine Geruchsprobe nach der Vorschrift mit Essig, Kaffee, Nelkenöl, Vanille- und Zimtpulver durch. Beschreibe den jeweiligen Geruch (Bild 4).

Geruchs- und Geschmacksproben können gefährlich sein und dürfen im Unterricht nur auf ausdrückliche Anweisung der Lehrerin oder des Lehrers ausgeführt werden.

4 Geruchsprobe durch Zufächeln mit der Hand

9 Stoffe kennen – unterscheiden – trennen – verwerten

9.2 Stoffe untersuchen und ordnen

1. Stoffe auf ihre Härte untersuchen
Versuche mit deinem Fingernagel und mit einem Stahlnagel folgende Stoffe zu ritzen: Glas, Kupfer, Eisen, Holz, Wachs und Gips. Vergleiche und teile die Stoffe nach ihrer Härte in Gruppen ein.

Härte. Ton oder Holz kann man sogar mit dem Fingernagel anritzen, sie sind weich. Andere Stoffe, wie Glas oder Eisen, behalten bei solchen Ritzversuchen mit dem Fingernagel eine unveränderte Oberfläche. Sie weisen eine größere Härte auf.

Verhalten gegenüber Wasser. Gibt man Zucker in Wasser, so ist nach kurzer Zeit nichts mehr davon zu sehen. Er hat sich im Wasser aufgelöst. Wachs und Holz schwimmen auf dem Wasser, während Kupfer und Blei im Wasser zu Boden sinken.

Verhalten gegenüber Feuer. Viele Stoffe lassen sich voneinander unterscheiden, indem man sie erwärmt. Hält man ein Stück Marmor in die Flammen, so passiert gar nichts, während Wachs sehr schnell zu schmelzen beginnt. Die meisten Stoffe sind zuverlässig an ihrer Schmelztemperatur oder Siedetemperatur zu erkennen (Bild 3).

Viele Stoffe beginnen sofort zu brennen, wenn sie in eine Flamme gehalten werden, während andere gar nicht brennen. Die Brennbarkeit eines Stoffes ist eine weitere wichtige Stoffeigenschaft.

Verhalten gegenüber Magneten. Die meisten Stoffe werden nicht von einem Magneten angezogen. Überprüft man verschiedene Geldstücke mithilfe eines Magneten, so stellt man fest, dass einige der glänzenden Metallstücke angezogen werden und andere

1 Ritzversuche mit einem Stahlnagel an Blei, Kupfer und Eisen

1 Um welche Stoffe aus Bild 2 handelt es sich? Stoff A ist beigebraun, rau und riecht oft nach Wald;
Stoff B ist weiß und matt;
Stoff C besteht aus weißen kleinen Kristallen und schmeckt süß;
Stoff D ist grau, glänzend und härter als Kupfer, aber weicher als Diamant;
Stoff E kann verschiedene Farben haben, er ist sehr weich und

Stoffe	Kerzenwachs Gips Ton Kiefernholz	Blei Kupfer Speckstein	Ebenholz Zucker Aluminium Eisen Fensterglas Kieselstein	Quarz Werkzeugstahl Korund (Schleifpapier) Diamant
Härte	sehr weich	weich	hart	sehr hart

2 Stoffe mit verschiedener Härte

2. Das Verhalten von Stoffen gegenüber Wasser
Fülle sieben Bechergläser halb mit Wasser. Gib jeweils in eines dieser Gläser die folgenden Stoffe: Salz, Kreidepulver, Zucker, Mehl, Sand, Holz, Eisenspäne. Beschreibe das Verhalten der Stoffe und halte die Beobachtungen in deinem Heft fest.

3. Magnetisch oder nicht?
Überprüfe mit einem Magneten: Streichholz, Glasmurmel, Nagel, Plastiklineal, Stecknadel, Kupferblech, Kreide und verschiedene Geldstücke. Versuche die Gegenstände anschließend in zwei Gruppen einzuteilen.

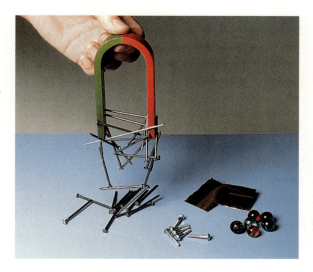

nicht. Eisen und Nickel sind einige der wenigen Stoffe, die von einem Magneten angezogen werden.

Verhalten gegenüber elektrischem Strom. Die Glühlampe in einem Stromkreis leuchtet auf, wenn elektrischer Strom fließt. Die elektrische Leitfähigkeit von Stoffen kann man überprüfen, indem man den Stromkreis an einer Stelle unterbricht und versucht mit verschiedenen Stoffen diese Lücke zu schließen. Die Glühlampe leuchtet nicht bei allen Stoffen auf. Stoffe verhalten sich auch gegenüber elektrischem Strom unterschiedlich. Kupfer, Eisen, Kohle sind **Leiter**, sie leiten den elektrischen Strom. Zu den **Nichtleitern** gehören Stoffe wie Holz, Glas, Papier und Kunststoffe.

Stoff	Schmelztemperatur	Siedetemperatur
Wasser	0 °C	100 °C
Wachs	71 °C	370 °C
Zucker	147 °C	—
Zinn	232 °C	2.362 °C
Blei	327 °C	1.751 °C
Glas	400 °C	—
Aluminium	660 °C	2.270 °C
Kochsalz	808 °C	1.461 °C
Kupfer	1.083 °C	2.595 °C
Eisen	1.535 °C	2.735 °C
Kohle	3.370 °C	4.830 °C

3 *Schmelztemperatur und Siedetemperatur von Stoffen*

9 Stoffe kennen – unterscheiden – trennen – verwerten

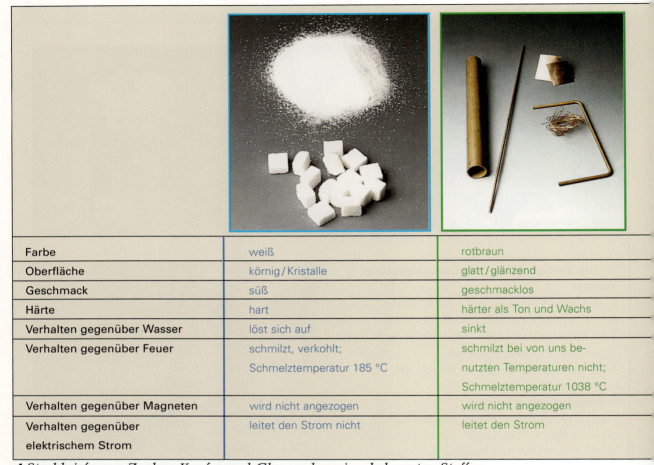

Farbe	weiß	rotbraun
Oberfläche	körnig / Kristalle	glatt / glänzend
Geschmack	süß	geschmacklos
Härte	hart	härter als Ton und Wachs
Verhalten gegenüber Wasser	löst sich auf	sinkt
Verhalten gegenüber Feuer	schmilzt, verkohlt; Schmelztemperatur 185 °C	schmilzt bei von uns benutzten Temperaturen nicht; Schmelztemperatur 1038 °C
Verhalten gegenüber Magneten	wird nicht angezogen	wird nicht angezogen
Verhalten gegenüber elektrischem Strom	leitet den Strom nicht	leitet den Strom

4 *Steckbriefe von Zucker, Kupfer und Glas und zwei unbekannten Stoffen*

2 Erstelle für folgende Stoffe einen Steckbrief (Ohne Geschmacksprobe): Tafelkreide, Holzkohle, Stärkemehl und Zitronensäure.

3 Das „Bleigießen" am Silvesterabend verkürzt die Zeit bis zur Jahreswende. Weshalb besteht das „Silvesterblei", das über der Kerzenflamme geschmolzen wird, nicht wirklich aus Blei, sondern aus Zinn?

Jeder Stoff hat eine ganze Reihe von Eigenschaften. Sie gemeinsam ergeben den **Steckbrief des Stoffes** (Bild 4). Du hast in der Küche Stoffe vor dir und weißt nicht, was es ist. Beide sind weiß und pulvrig. Betrachtest du sie genauer, stellst du fest, dass beide Stoffe aus ganz kleinen Kristallen bestehen. Beide lösen sich gut in Wasser auf. Doch aufgrund ihres Geschmackes kannst du sie unterscheiden. Der eine schmeckt süß – es ist Zucker. Der andere schmeckt salzig – es ist Salz. Einen einzelnen Stoff kann man an der bestimmten Zusammenstellung von Eigenschaften erkennen. Genauso wird eine gesuchte Person an Hand ihres Steckbriefes erkannt. Jeder Stoff hat eine ganze Reihe von Eigenschaften. Sie gemeinsam ergeben den Steckbrief eines Stoffes.

Metalle und Nichtmetalle. Auch ganze Stoffgruppen werden durch bestimmte Zusammenstellungen von Eigenschaften unterschieden. Die Stoffgruppe der Metalle besitzt folgende Zusammenstellung von Eigenschaften: ihre Oberfläche glänzt metallisch, sie sind verformbar und leiten Wärme und elektrischen Strom gut.

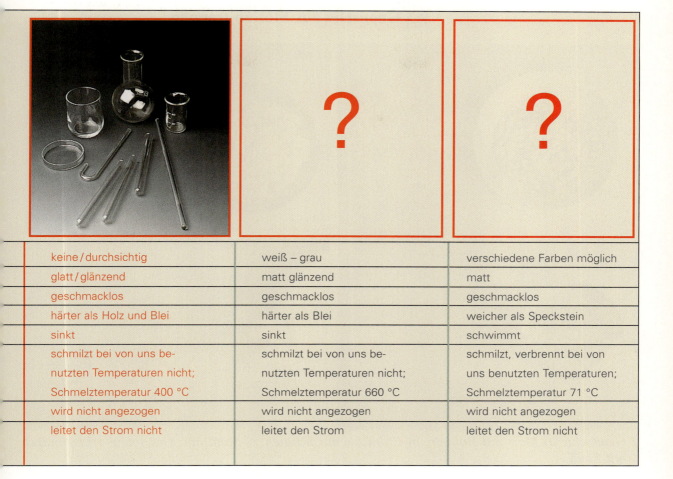

keine / durchsichtig	weiß – grau	verschiedene Farben möglich
glatt / glänzend	matt glänzend	matt
geschmacklos	geschmacklos	geschmacklos
härter als Holz und Blei	härter als Blei	weicher als Speckstein
sinkt	sinkt	schwimmt
schmilzt bei von uns benutzten Temperaturen nicht; Schmelztemperatur 400 °C	schmilzt bei von uns benutzten Temperaturen nicht; Schmelztemperatur 660 °C	schmilzt, verbrennt bei von uns benutzten Temperaturen; Schmelztemperatur 71 °C
wird nicht angezogen	wird nicht angezogen	wird nicht angezogen
leitet den Strom nicht	leitet den Strom	leitet den Strom nicht

Andere Stoffe weisen diese vier typischen Metalleigenschaften nicht auf und gehören daher zur Stoffgruppe der Nichtmetalle.

> Jeder Stoff besitzt eine typische Zusammenstellung von Eigenschaften. Metalle sind eine Gruppe von Stoffen mit ähnlichen Eigenschaften, genauso wie die Stoffgruppe der Nichtmetalle.

4 In Bild 4 findest du die Steckbriefe von zwei unbekannten Stoffen. Versuche herauszufinden, um welche Stoffe es sich handelt. Verwende dazu auch die Tabellen aus Bild 2 und 3.

4. Welche Stoffe leiten den elektrischen Strom?

Baue den Versuch anhand der Zeichnung auf. Prüfe verschiedene Gegenstände, ob sie den elektrischen Strom leiten. Setze sie dazu zwischen die beiden Krokodilklemmen und notiere, aus welchem Stoff sie bestehen.

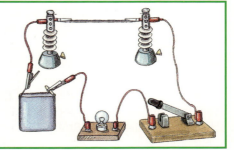

9 Stoffe kennen – unterscheiden – trennen – verwerten

9.3 Gemische aus Stoffen trennen

1 Gemische: a) Mais mit Bohnen, b) Erdnüsse mit Schalen, c) Sand mit Kies sowie d) Eisennägel mit Sand

Auslesen. Ein Gemisch aus gelben Maiskörnern und roten Bohnen lässt sich aufgrund der unterschiedlichen Farbe trennen (Bild 1a). Werden die gelben Maiskörner ausgelesen, so bleiben in der Schale die roten Bohnen zurück und das Gemisch ist getrennt.

Ausblasen. Erdnüsse sind schwerer als ihre roten Schalen (Bild 1b). Ein Gemisch von roten Schalen und Erdnüssen kann man durch Anpusten voneinander trennen. Diese unterschiedliche Eigenschaft macht man sich beim Ausblasen zu Nutze und so lässt sich das Gemisch trennen.

Sieben. Sandkörner und Kies sind unterschiedlich groß. Beim Sieben fallen die kleineren Sandkörner durch die Löcher (Bild 1c). Der größere Kies bleibt im Sieb zurück.

Trennen mit Magneten. Ein Gemisch von Sand und Nägeln kann man mit einem Magneten trennen (Bild 1d). Dabei wird das unterschiedliche Verhalten von Eisen und Sand gegenüber einem Magneten ausgenutzt.

1 Der Inhalt von Salz- und Pfefferstreuer ist vermischt worden. Plane Versuche, wie man Salz und Pfeffer trennen kann.

2 Plane einen Versuch, wie ein Gemisch aus Sand, Zucker und Kreidepulver wieder in seine einzelnen Stoffe getrennt werden kann. Beachte dazu das unterschiedliche Verhalten der Stoffe gegenüber Wasser.

Niklas und Marlene wollen nach dem Winter eine Probe Gartenerde auf Streusalz überprüfen. Niklas soll die Bestandteile nun voneinander trennen. Er hat eine Idee. Salz löst sich ja in Wasser. Vielleicht ist es so möglich, das Salz von Lehm und Sand zu trennen.

Marlene gießt Wasser auf das Gemisch und rührt um. Das nennt man **aufschlämmen** (Bild 2). Es entsteht ein undurchsichtiges Gemisch. Nach einiger Zeit sinkt der schwerere Sand nach unten, er setzt sich ab. Der Lehm schwimmt noch im Wasser. Er ist **aufgeschwemmt** worden. Nun kann zunächst das Wasser mit dem schwimmenden Lehm abgegossen werden. Im Glas bleibt der abgesetzte Sand zurück. Vom Salz ist nichts zu sehen. Es hat sich im Wasser **aufgelöst**.

Der im Wasser schwimmende Lehm ist sehr fein. Um ihn vom Wasser zu trennen, benötigt man Filterpapier. Wenn das Lehmwasser durch das Filterpapier in ein Gefäß gegossen wird, bleibt der Lehm im Filter zurück. Das in das Gefäß tropfende Wasser ist klar geworden, es wurde **gefiltert**.

Lässt man die klare Flüssigkeit in einer flachen Schale stehen, so verdunstet das Wasser nach einiger Zeit. Zurück bleibt das Salz in der Schale.

Wenn man die klare Flüssigkeit bis zum Sieden erwärmt, kann man das Wasser schneller **verdunsten** lassen. Dabei nutzt man die unterschiedlichen Siedetemperaturen von Wasser (100 °C) und Kochsalz (1440 °C) aus. Ist die Siedetemperatur von 100 °C erreicht, **verdampft** das Wasser und wird als Wasserdampf an die Luft abgegeben, das Salz bleibt zurück.

> Gemische lassen sich aufgrund der unterschiedlichen Eigenschaften der vermischten Stoffe trennen. Trennverfahren ermöglichen das Zurückgewinnen der vermischten Stoffe.

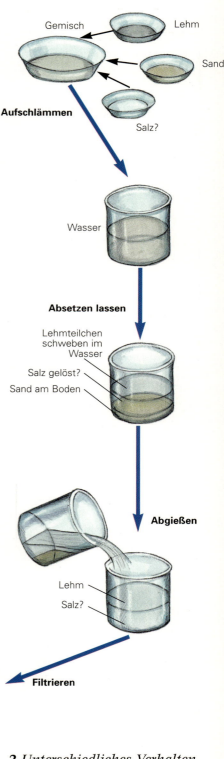

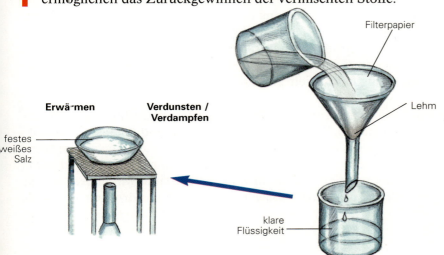

2 *Unterschiedliches Verhalten gegenüber Wasser wird zur Trennung ausgenutzt*

9 Stoffe kennen – unterscheiden – trennen – verwerten

9.4 Reinstoffe und Stoffgemische

Steckbrief von Eisen

- grau;
- glänzende, glatte Oberfläche;
- geruch- und geschmacklos;
- sinkt im Wasser zu Boden;
- keine Veränderung in der Flamme eines Bunsenbrenners;
- wird von Magneten angezogen; Metall;
- Schmelzpunkt: 1539 °C;
- Siedepunkt: 2735 °C

Steckbrief von Schwefel

- gelb;
- pulvrig oder glatte Kristalle
- geruch- und geschmacklos;
- schwimmt auf der Wasseroberfläche;
- brennt in der Flamme eines Bunsenbrenners;
- wird nicht von einem Magneten angezogen;
- Nichtmetall;
- Schmelzpunkt: 119 °C;
- Siedepunkt: 444 °C

1 Steckbriefe von Eisen und Schwefel

Reinstoff – Stoffgemisch. Schwefel und Eisen sind jeweils an ihrer typischen Zusammenstellung von Eigenschaften, ihrem Steckbrief, zu erkennen (Bild 1). Es sind Reinstoffe.

Liegt ein Gemisch der beiden Stoffe vor, so kann man das Gemisch durch Ausnutzen der unterschiedlichen Eigenschaften wieder trennen. Beim Eisen-Schwefel-Gemisch kann man das unterschiedliche Verhalten gegenüber einem Magneten zur Trennung nutzen (Bild 1).

Die meisten Stoffe, die uns täglich begegnen, sind Stoffgemische, die aus verschiedenen Reinstoffen zusammengesetzt sind. Gartenerde, Steinsalz, Granit und Kalksandstein sind natürlich vorkommende Gemische. Die Reinstoffe, aus denen sie bestehen, sind häufig mit bloßem Auge nicht zu erkennen.

Stoffgemische können nicht nur aus festen Bestandteilen bestehen. Es gibt auch Stoffgemische aus festen und flüssigen Reinstoffen. Mit bloßem Auge ist Salzwasser nicht von Zuckerwasser zu unterscheiden. Selbst Tinte ist ein Gemisch aus Wasser und mehreren Farbstoffen, die darin fein verteilt sind. Mineralwasser ist ein Stoffgemisch aus flüssigen, festen und gasförmigen Reinstoffen.

1 Sieh dir einen Pflasterstein aus Granit mithilfe einer Lupe genauer an. Beschreibe die Bestandteile.

2 Sieh auf einer Mineralwasserflasche nach, welche Reinstoffe im Wasser gelöst sind.

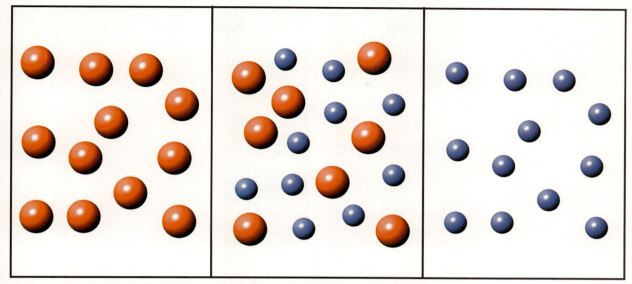

2 Modell von Eisen (links), Eisen-Schwefel-Gemisch und Schwefel

Kugelmodell. Man stellt sich alle Stoffe aus kleinsten Teilchen zusammengesetzt vor. Du kannst dir diese Teilchen als winzige Kugeln vorstellen.

Ein Reinstoff ist aus lauter gleichartigen kugelförmigen Teilchen zusammengesetzt (Bild 2, links und rechts). Die kleinsten kugelförmigen Teilchen verschiedener Stoffe unterscheiden sich in ihrer Größe und ihrer Masse.

Ein Stoffgemisch ist ein Gemisch aus mehreren Reinstoffen. Es ist aus verschiedenen kugelförmigen Teilchen zusammengesetzt, die sich jeweils in ihrer Größe und Masse unterscheiden. (Bild 2, Mitte).

Auch mit einer Lupe oder einem Mikroskop kannst du diese kleinsten kugelförmigen Teilchen nicht erkennen. Die Teilchen sind so klein, dass du mehrere Millionen Teilchen aneinander reihen müsstest, um eine winzige Perlenkette mit einer Länge von einem Millimeter zu bekommen. Diese Vorstellung vom Aufbau der Stoffe als Kugeln ist nur eine vereinfachende Hilfe. Ihr tatsächlicher Aufbau ist komplizierter.

> Ein Stoffgemisch besteht aus mehreren Reinstoffen. Ein Reinstoff ist aus gleichartigen Bestandteilen zusammengesetzt. Auch in Stoffgemischen behalten Reinstoffe ihre Eigenschaften. Man stellt sich die kleinsten Teilchen eines Reinstoffes als sehr kleine Kugeln vor.

9 Stoffe kennen – unterscheiden – trennen – verwerten

9.5 Arbeiten in einem Projekt

1 Klasse 5b sammelt im Gespräch Vorschläge

2 Aus Vorschlägen werden Themen

1. Vorbereitung der Projektarbeit. Die Klasse 5b hat sich vorgenommen, den Abfallberg am Schulhaus zu verkleinern. Dazu wollen die Schüler und Schülerinnen ein Projekt mit dem Thema „Müll - Abfall oder Wertstoff" bearbeiten. Zunächst sammelt die Klasse im gemeinsamen Gespräch Fragen und Probleme, die wichtig und interessant erscheinen (Bild 1).

Die vielen Vorschläge werden zu mehreren Themen zusammengestellt (Bild 2). Die Schüler und Schülerinnen wählen aus den vorgeschlagenen Themen jeweils eines aus und bilden dazu Gruppen. Die Themen können auch von mehreren Gruppen bearbeitet werden.

2. Planung der Projektarbeit in den Gruppen. Die Schüler und Schülerinnen einer Gruppe besprechen zunächst den Umfang ihrer Arbeit und entscheiden, in welcher Reihenfolge sie arbeiten

Hier kannst du dich informieren:	So kannst du erkunden:	Diese Personen kannst du befragen:
• Rathaus (Amt für Bürgerhilfe) • Amt für Abfallwirtschaft • Umweltministerium, Umweltorganisationen, Jugendorganisationen • Verbraucherberatung • Tageszeitung, Zeitschriften • Bücherei, Lexikon • Internet	• Fotografieren • Messen (Wiegen) • Versuche durchführen (Papierrecycling) • Herstellen und beobachten (Komposthaufen)	• Sachverständige (Experten) • Bürgermeister • Privatpersonen • Mitschüler und Mitschülerinnen

3 Arbeitshilfe für die Gruppenarbeit

4 Die Gruppe „Komposthaufen" plant ihre Arbeit

5 Die Gruppe „Müll früher – heute" sammelt Informationen

wollen (Bild 4). Thomas, Lisa, Anne und Martin erstellen einen Arbeitsplan, um innerhalb der Gruppe die Arbeitsaufgaben zu verteilen. Hierzu stellen sie fünf Fragen (Bild 6). Die einzelnen Gruppen sammeln **Informationen** (Schulbücher, Zeitschriften, Bücher aus der Bücherei) und beschaffen Materialien (zum Beispiel für Versuche, Dias, Filme und Papier für Plakate) (Bild 3). Die Gruppe „Müll früher – heute" schreibt in der Bücherei aus Fachbüchern Informationen heraus (Bild 5). Jede Gruppe diskutiert, welche **Erkundungen** und **Befragungen** durchgeführt werden sollen. Thomas schlägt vor, alle 5. Klassen zu befragen, wie sie mit ihrem Müll umgehen. Die Gruppe muss dann für die Befragung einen Fragenkatalog erstellen.

Was?	Wie?	Wo?	Wer?	Wann?
1. Müllzusammensetzung in der Gemeinde	Informieren – Informationen besorgen und lesen – Übersicht erstellen	– Abfallamt, Verbraucherberatung – Schulbuch	– Lisa und Thomas rufen an – alle	– Montagnachmittag – 1./2. Schulstunde
2. Untersuchen unseres Schulmülls	Erkunden – Tagesmüll der Klasse wiegen; Plakat erstellen – Verpackungsmüll eines Einkaufs fotografieren – in einen Lageplan eines Supermarktes unnötige Verpackungen eintragen	– Schulhof und Klassenzimmer – zu Hause – im Supermarkt	– alle wiegen: Anne (Waage), Martin (Plastiksäcke), – Anne – Martin und Thomas	– 3./4. Schulstunde – Dienstagnachmittag – Dienstagnachmittag
3. Sind wir Schüler einer Wegwerfgesellschaft?	Befragen – Was habt ihr in der letzten Woche weggeworfen? Warum?	– alle 5. Klassen	– alle: Fragebogen erstellen und auswerten	– 5./6. Schulstunde – 1./2. große Pause – Mittwoch

6 Arbeitsplan der Gruppe „Abfall in der Schule"

9 Stoffe kennen – unterscheiden – trennen – verwerten

7 Befragung einer Expertin vom Abfallwirtschaftsamt

8 Den Verpackungsmüll kaufst du mit

9 Gruppe „Abfall in der Schule" beim Wiegen des Tagesmülls

3. Durchführung der Projektarbeit in den Gruppen. Jetzt beginnt die Bearbeitung des aufgestellten Arbeitsplanes. Zunächst müssen die Informationen gesammelt werden. Während der Arbeit tauschen die Mitglieder einer Gruppe sich häufig über ihre gewonnenen Informationen aus und besprechen Verbesserungen, so dass immer alle Schüler und Schülerinnen auf dem gleichen Stand sind. In einer Projektmappe werden Ergebnisse, Versuchsbeobachtungen, Zeichnungen und Protokolle aus den geplanten **Erkundungen** und **Befragungen** gesammelt. Die Gruppe „Müllbeseitigung" trifft sich mit einer Expertin des Abfallwirtschaftsamtes, die sie über die Abfallbeseitigung in ihrer Gemeinde informiert (Bild 7). Sie hat Zeichnungen und Fotos einer Müllverbrennungsanlage mitgebracht. Anne aus der Gruppe „Abfall in der Schule" macht gerade ein Foto zum Thema Verpackungsmüll (Bild 8) und wiegt dann den Tagesmüll aus (Bild 9). Die Gruppe „Wie kann ich weniger Müll machen?" probt das Sortieren nach den selbst gestalteten, farbigen Hinweisen (Bild 10).

10 Beim Müllsortieren

4. Vorstellen der Ergebnisse. Jede Gruppe berichtet der Klasse über ihre Arbeit. Die Gruppenergebnisse müssen schließlich zu einem Gesamtwerk zusammengeführt werden. Die Gruppe „Verpackungsmüll" hat ihre Ergebnisse durch ein Poster und ein Mülldenkmal ergänzt (Bild 11, 12).

In einem Diavortrag für interessierte Eltern stellt die Gruppe „Müll früher – heute" mithilfe der Lehrerin ihre Ergebnisse vor. Um Vergangenes zu erforschen, sind zwei Schüler im Stadtarchiv auf Spurensuche gegangen. Die Schüler und Schülerinnen der Klasse 5b diskutieren darüber, wie die Ergebnisse des Projektes der ganzen Schule vorgestellt werden sollen. Ausstellungen in Schaukästen oder auf Stellwänden auf den Fluren und ein Infostand im Pausenhof können die anderen Schüler über die gewonnenen Ergebnisse informieren.

12 *Müllposter*

11 *Mülldenkmal*

9 Stoffe kennen – unterscheiden – trennen – verwerten

9.6 Stoffe im Abfall verwerten

1 Amsel durchsucht Abfälle

2 Abfälle nach dem Pausenfrühstück der Klasse 5b

1 Versuche den Abfall des Pausenfrühstücks der Klasse 5b nach Stoffgruppen zu sortieren, z. B. Glas, Plastik, Papier, Metall (Bild 2).

2 Erkläre, weshalb die Verpackungen einen so großen Anteil am Schulmüll haben.
– Zerreiße einige Verpackungen und überprüfe, ob sie aus einem oder mehreren Stoffen bestehen (Handschuhe tragen).
– Wie kann man die Verpackungen, die aus mehreren Stoffen bestehen, getrennt entsorgen?

Welche Stoffe enthält unser Abfall? Julia und Lisa machen eine interessante Beobachtung (Bild 1). „Schau mal die Amsel dort drüben durchsucht unseren Pausenabfall. Da ist doch sicher nichts Essbares mehr drin!" Die Klasse 5b organisiert ein gemeinsames Frühstück im Klassenzimmer. Die anfallenden Abfälle werden nicht wie üblich entsorgt, sondern gesammelt (Bild 2). Durchsucht man die Abfälle, so wie die Amsel auf dem Pausenhof, findet man vor allem Papier, Plastik, Metall und Essensreste.

Julia und Lisa befragen den Hausmeister. Er erklärt: „Nicht nur in eurem Klassenzimmer fallen Abfälle an, sondern in der Schulküche, in den Werkräumen, im Lehrerzimmer, eben in der ganzen Schule. Da kommt schon eine Menge zusammen." „Wohin wird der ganze Abfall gebracht?", fragt Lisa. „Ich bringe Glas und Papier getrennt in die jeweiligen Container hinter der Schule. Andere Stoffe wie Metall, Plastik oder Lebensmittelreste werden in gesonderten Tonnen von der Stadt abgeholt." (Bild 3)

3 Der Schulmüll wird getrennt entsorgt

4 Die Brotzeit von Thomas vor und nach der Pause

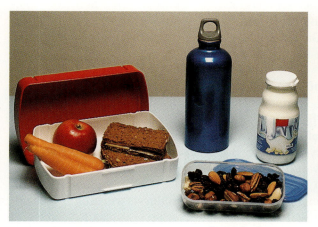 

5 Die Brotzeit von Lisa vor und nach der Pause

Lisa und Julia sind auf der Suche nach den Ursachen für die großen Abfallmengen, die im Schulhaus anfallen. Sie vergleichen zunächst Lisas Brotzeit mit der von Thomas vor der Pause (Bild 4, 5). Nach der Pause vergleichen sie die zurückgebliebenen Verpackungen.

Für die Herstellung von Verpackungen aus Papier wird der Rohstoff Holz und für Dosen der Rohstoff Metall benötigt. Diese **Rohstoffe** werden der Natur entnommen. Die für die Herstellung erforderliche Energie wird häufig durch die Verbrennung von Erdöl oder Kohle erzeugt. Sind die Verpackungen leer und der Inhalt verbraucht, so werden sie weggeworfen. Dieser Abfall ist aber zu schade, um ihn endgültig wegzuwerfen. Die Menge unserer Rohstoffe ist begrenzt. Daher müssen die wertvollen Rohstoffe im Abfall wieder verwendet werden.

| Viele Stoffe aus dem Abfall können wieder verwertet werden.

3 Organisiert ein Frühstück in der Schule, bei dem möglichst wenig Abfall anfällt.

4 Sammle Ideen, wie nutzlos gewordene Verpackungen weiterverwendet werden können.
So kannst du zum Beispiel schöne Dosen oder mit alten Postern beklebte Schachteln zur Aufbewahrung von Krimskrams, Stiften, Fotos oder Murmeln verwenden.

9 Stoffe kennen – unterscheiden – trennen – verwerten

9.7 Kompost, das natürliche Recycling

1 Zersetzung eines Buchenblattes

In Lisas und Julias Schule gibt es im Schulgarten einen Komposthaufen. Man zählt Obst- und Gemüseabfälle, abgestorbene Pflanzenteile und Gartenabfälle zu den organischen Stoffen. Sie gehören auf den Komposthaufen (Bild 2).

Organische Stoffe werden von Bodenlebewesen zu wertvollem Humus zersetzt. Humus enthält Mineralsalze. Diese Mineralsalze werden von Pflanzen aufgenommen und für ihr Wachstum genutzt. Die Stoffe befinden sich in einem Kreislauf. Das ist ein natürliches Recycling. Die Bodenlebewesen erzeugen zum Beispiel auch im Waldboden aus dem abgefallenen Laub und anderen pflanzlichen Resten Humus (Bild 1). Bei einem Komposthaufen wird das gleiche Verfahren zur Wiederverwertung angewendet, das auch im Wald stattfindet.

> Die Kompostierung ist das natürliche Recycling organischer Stoffe. Kompostierung liefert wertvollen Humus.

1 Erkläre, warum die Kompostierung auch als die natürliche Abfallbeseitigung bezeichnet wird.

2 Überprüfe, wo in eurer Schule organische Abfälle anfallen und wie sie gesammelt werden.

3 Überlege, weshalb du auf den Einsatz von zusätzlichem Dünger verzichten kannst, wenn du Humus für den Garten verwendest.

So legt man einen Komposthaufen richtig an.

– Küchen- und Gartenabfälle solltest du möglichst nicht in den Hausmüll geben. Lege einen Komposthaufen an oder stelle einen Kompostbehälter auf.
– Vermische die Küchenabfälle mit Gartenabfällen oder Laub. Halte sie feucht und lockere sie gelegentlich, damit genügend Luft herankommt.
– Gib keine Fleisch- und Wurstabfälle auf einen offenen Komposthaufen, da sie Mäuse und Ratten anlocken könnten!
– Nach einigen Monaten hast du einen guten, mineralsalzhaltigen Humus für den Garten und Balkon.

2 Was kommt in den Kompost?

V

1. Kompostierung

Gib in zwei Glasaquarien jeweils eine Schicht Sand und eine Schicht zerkleinerte, vermischte organische Abfälle, zum Beispiel Eierschalen, Teebeutel, Kaffeesatz, Salatblätter, Bananenschalen. Verschließe ein Aquarium mit einem Deckel, sodass möglichst keine Luft mehr hineinkommt. Gib in das andere Aquarium zusätzlich noch 5-10 Regenwürmer und etwas feuchte Gartenerde und schließe es auch mit einem Deckel ab. Lass hier aber Löcher, damit Luft hereinkommt. Beobachte beide Aquarien einige Wochen und vergleiche.
Übertrage die Tabelle in dein Heft.

Datum	Sand	Abfälle	Regenwürmer	Sonstiges
?	?	?	?	?
?	?	?	?	?

Trage deine Beobachtungen in die Tabelle ein.

9 Stoffe kennen – unterscheiden – trennen – verwerten

9.8 Papier, Metall und Glas wieder verwerten

Für 1 DIN-A Heft erstklassiger Qualität benötigt man	Für 1 DIN-A4-Heft normaler Qualität benötigt man	Für 1 DIN-A4-Heft aus Recycling-Papier benötigt man
240 g Holz	170 g Holz	nur Altpapier
44 l Wasser	28 l Wasser	0,2 l Wasser
So viel Energie, wie eine Lampe 60 W in 13 Stunden benötigt	So viel Energie, wie eine Lampe 60 W in 8 Stunden benötigt	So viel Energie, wie eine Lampe 60 W in 4 Stunden benötigt

1 Besser Papier aus Altpapier herstellen

1 Erkundige dich, wie in deiner Gemeinde Altpapier gesammelt wird. Erstelle dazu vorher einen Fragenkatalog: Wer sammelt das Papier? Wohin kommt das Papier dann? Was wird für die Tonne Altpapier bezahlt? usw.

2 Überlege dir Ersatzmöglichkeiten für den Einsatz von Metalldosen.

3 Falls es in eurer Schule noch keine Aluminiumsammelstelle gibt, könnt ihr versuchen, eine einzurichten. Sprecht dazu mit eurem Lehrer, dem Hausmeister und dem Schulleiter.

4 Erkläre, warum die Verschlüsse von Glasflaschen, die im Glascontainer entsorgt werden, getrennt entsorgt werden müssen.

Papier wird wieder verwertet. Das meiste Papier wird nur einmal gebraucht und dann weggeworfen. Ein Fünftel unseres Hausmülls besteht aus Papier oder Pappe. Man kann gebrauchtes Papier mehrfach wieder verwerten. Dazu weicht man Altpapier in Wasser ein. Wenn sich alle Fasern voneinander gelöst haben, kann man aus ihnen wieder neues Papier herstellen. Das funktioniert mehrmals bis die Holzfasern zu klein geworden sind. Allerdings ist das so hergestellte Papier grau. Die Druckfarbe des Altpapiers hat sich aufgelöst und unter die Faser gemischt. Für die Herstellung von Papier aus Altpapier und Pappe benötigt man kein Holz und weniger Wasser und auch deutlich weniger Energie (Bild 1). Zur Herstellung eines weißen Schulheftes (A4) werden etwa vier Eimer Wasser und ein Stück Holz benötigt, das dreimal so viel wiegt, wie das fertige Heft (Bild 1).

Metalle können wieder verwertet werden. Für die Herstellung von Konservendosen, Getränkedosen, Spraydosen, Kühlschränken, Autos und Fahrrädern werden Metalle als Rohstoffe benötigt. Der Energieaufwand zur Herstellung von Metallverpackungen ist enorm hoch. Daher sollten umweltfreundlichere Verpackungen gewählt werden. Die Vorkommen vieler Metalle sind begrenzt. Deshalb musst du verantwortungsbewusst mit solchen Gegenständen umgehen. Metallgegenstände, alte Geräte und Maschinen, die nicht mehr funktionieren und nicht mehr repariert werden können, werden von Wertstoffsammelstellen angenommen. Schrotthändler verkaufen sortierten Metallschrott weiter, sodass die Metalle wieder der Herstellung neuer Gegenstände zugeführt werden können.

2 Glasrecycling

Glasabfälle werden wieder verwertet. Gefäße aus Glas verwendet man zur Verpackung von vielen Lebensmitteln. Ist der Inhalt verbraucht, werden die Glasgefäße nach Farben getrennt im Altglascontainer gesammelt. Glasgefäße können als Pfandflaschen mehrfach verwendet werden. Wenn die Pfandflasche leer ist, wird diese gegen ein Pfand zurückgegeben und wieder befüllt. Natürlich werden auch beschädigte Pfandflaschen dem Wertstoffkreislauf zugeführt (Bild 2).

Das englische Wort für Wiederverwertung heißt **Recycling** und bedeutet „wieder in den Kreislauf zurückführen". Das Einschmelzen von Altglas erfordert weniger Energie als die Herstellung von neuem Glas aus seinen Grundrohstoffen. Altglasrecycling vermindert den Abfall. Durch das weniger aufwändigere Verfahren wird auch Energie in Form von Erdöl und Kohle eingespart. Dies bedeutet auch eine Kostenersparnis für die Gemeinden und die Verbraucher selbst. In Deutschland gibt es eine große Anzahl an Altglas-Aufbereitungsanlagen (Bild 3).

Wenn Abfälle in der Mülltonne landen, sind sie als Rohstoffe häufig am falschen Ort. Recycling ist ein Weg, um Rohstoffe unserer Erde einzusparen. In Wertstoffhöfen bzw. Containern werden Altpapier, Metall, Glas, Plastik und Altkleider gesammelt.

| Aus wieder verwertbaren Wertstoffen werden durch Recycling wieder neue Gegenstände hergestellt. So werden Abfälle vermindert und Rohstoffe eingespart.

5 Erkundige dich an einem Wertstoffhof in deiner Nähe, welche Stoffe dort angenommen werden und was jeweils damit geschieht.

3 Altglas-Aufbereitungsanlagen in Deutschland

9 Stoffe kennen – unterscheiden – trennen – verwerten

1. Papierherstellung aus Altpapier

Du kannst selbst sehr dekoratives Papier herstellen und es zum Beispiel für Geburtstags- oder Weihnachtskarten verwenden.

Vorbereitung und Material
Du benötigst:
– einen Schöpf- und einen Formenrahmen,
– eine flache Schüssel, die genügend groß ist, um die Rahmen hineinzutauchen,
– einen kleinen Eimer,
– einen elektrischen Küchenmixer oder Pürierstab,
– zurechtgeschnittene alte Tücher oder Decken, die 3 cm größer als die Rahmen sind,
– ein Nudelholz,
– Schwämme und Lappen,
– Altpapier (alte Zeitungen) und Wasser.

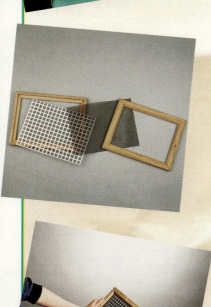

Gewinnung des Papierbreies
– Nimm 100 g Altpapier und zerreiße es in kleine Stücke. Gib sie in den Eimer und schütte einen Liter warmes Wasser hinzu. Weiche es mindestens 10 Minuten ein. Mixe das Ganze mit dem Pürierstab oder dem Mixer, bis sich die einzelnen Papierfasern voneinander gelöst haben. Es dürfen keine Papierstückchen oder Knoten mehr zu erkennen sein.
– Du kannst auch einen Papierbrei aus Pflanzenfasern herstellen. Dazu musst du 30–100 g Holzspäne mit wenig Wasser mindestens zwei Stunden in einem Dampfkochtopf weich kochen. Anschließend kannst du sie wie oben mit dem Mixer oder dem Pürierstab verarbeiten.

Vorbereitung des Schöpfrahmens

Nimm den Schöpfrahmen mit der Siebseite nach oben und lege den anderen Rahmen darauf. Diesen Rahmen nennt man Formenrahmen, weil er die Form des Papiers bestimmt.

Papierschöpfen

Halte nun die beiden übereinander liegenden Rahmen mit beiden Händen fest und tauche sie flach in den aufgerührten Papierbrei ein, bis sie auf dem Boden liegen. Du musst jetzt warten, bis sich der Brei beruhigt hat. Nimm beide Rahmen langsam und vorsichtig aus der Wanne, dabei darfst du sie nicht schief halten. Lasse das Wasser abtropfen.

Papier zum Trocknen vorbereiten

Lege beide Rahmen auf den Tisch und hebe vorsichtig den Formenrahmen ab. Lege jetzt das Sieb mit der Papierschicht nach unten auf das glatt ausgebreitete Stoff- oder Deckenstück. Mit einem Schwamm kannst du nun das restliche Wasser aufsaugen und gleichzeitig das Papier durch das Gitternetz auf die Unterlage pressen. Hebe das Sieb vorsichtig ab. Vor dir liegt dein erstes selbst hergestelltes Blatt Papier.
Du kannst jetzt mit dem ausgespülten Schöpfrahmen dein nächstes Blatt Papier herstellen.

Papier trocknen

Lege nun das Sieb oder ein zweites Stück Stoff auf dein Papier und presse mit dem Nudelholz möglichst viel Wasser heraus. Ziehe eine Stoffseite danach wieder vorsichtig ab und hänge das andere Tuch mit dem Papier auf die Wäscheleine. Nach ungefähr einem Tag ist das Papier trocken.

G Stoffe kennen – unterscheiden – trennen – verwerten

Stoffe kennen, unterscheiden, trennen, verwerten.

Gegenstände bestehen aus unterschiedlichen Stoffen. Stoffe können **fest, flüssig** oder **gasförmig** sein.
Stoffe kann man an bestimmten **Eigenschaften unterscheiden**, zum Beispiel
- Farbe
- Form
- Oberflächenbeschaffenheit
- Geruch
- Geschmack

Ein **Reinstoff** ist aus gleichartigen Teilchen zusammengesetzt.
Man stellt sich die kleinsten Teile eines Reinstoffs als sehr kleine Kugeln vor.

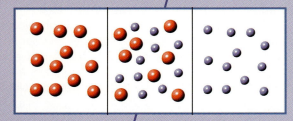

Ein **Stoffgemisch** besteht aus mehreren Reinstoffen. In einem Stoffgemisch behalten Reinstoffe ihre Eigenschaften.

Stoffe lassen sich **untersuchen** und **ordnen** nach
- ihrer Härte.
- ihrem Verhalten gegenüber Wasser.
- ihrem Verhalten gegenüber Feuer.
- ihrem Verhalten gegenüber Magneten.
- ihrem Verhalten gegenüber Strom.

174

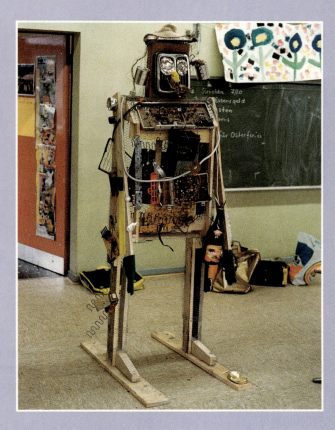

Aus Stoffgemischen kann man Stoffe trennen.
Trennverfahren sind unter anderem:
- Auslesen,
- Ausblasen,
- Sieben,
- Filtern,
- Verdunsten/Verdampfen,
- Trennen mit Magneten.

Abfälle sind meistens Stoffgemische. Wenn aus Abfällen Stoffe wieder verwertet werden, spricht man von Recycling. Wertstoffe sind solche Stoffe, die wieder verwertet werden können. Dazu gehören:
- Glas,
- Metall,
- Papier,
- Kompost.

Metalle bilden eine Stoffgruppe mit typischen Eigenschaften:
- Metalle haben eine metallisch glänzende Oberfläche.
- Metalle sind verformbar.
- Metalle leiten Wärme gut.
- Metalle leiten Strom gut.

175

Stichwortverzeichnis

Abfall 166
Acker-Hornkraut 145
Ahornfrucht 136
Allesfresser 114
Arnika 126
Auerrind 108
Auflösen 159
Aufschwemmen 159
Aufschlämmen 159
Ausblasen 158
Ausdehnung 48
Ausgleichsschleifen 50
Auslesen 158

Bänder 72
Bandscheiben 72
Bäume 127
Befragungen 163
Befruchtung 135
Beobachten 102
Beschleunigen 80
Beschreiben 102
Bestäubung 135
Bewegungsablauf 74
Bewegungstraining 78
Bienenblüten 138
Bimetall 51
Blättermagen 109
Blüten 127
Blütendiagramm 142
Blütenpflanzen 127
Breitwegerich 119
Bremsweg 81
Brennnessel 122
Brückenlager 50
BSE 111
Bundesnaturschutzgesetz 126

CELSIUS, ANDERS 45

Dehnungsfugen 50

Echte Kamille 122
Echte Sternmiere 144
Eibe 124
Ellbogengelenk 72
Erdumdrehung 29

Ergebnisse vorstellen 165
Erkundungen 163
Erstfrühling 27
Europäische Lärche 125
Experiment 38

Fahrenheit 45
Fahrradbeleuchtung 88
Falbkatze 100
Fensterbild 15
Feste Stoffe 49
Feuerbohne 140
Fichte 125
Filtern 159
Fledermaus 117
Fleischfresser 98
Fleischfressergebiss 100
Flüssige Stoffe 49
Flüssigkeitsthermometer 41
Flüssigkristallthermometer 41
Fortpflanzung 135
Frauenschuh 126
Früchte 136
Fruchtknoten 135
Frühblüher 26
Frühherbst 27
Frühsommer 27
Fuchs 117

Gangart des Pferdes 107
Gänseblümchen 119
Gasförmige Stoffe 49
Geißfuß 120
Gelenk 72
Gelenkmodell 73
Gelenkschäden 76
Gemeines Hornkraut 144
Geschwindigkeiten 82
Geschwindigkeiten schätzen 82
Glasrecycling 171
Gras-Sternmiere 145
Gruppenarbeit 162

Hainbuche 123
Haltungsschäden 76
Hängebirke 123
Hausschweine 114

Haut 34
Hautfarbstoff 34
Hirtentäschelkraut 120
Hochsommer 27
Holunder 124
Hund 96

Igel 22
Insektenbestäubung 139
Isoliergefäße 59

Kalender der Natur 26
Kaninchen 117
Kartoffelpflanze 24
Katzen 100
Keimling 140
Keimung 140
Kirschblüte 134
Klatschmohn 122
Knäuelgras 122
Knochen 70
Kompost 168
Kugelmodell 161

Labmagen 109
Langzeitbeobachtung 18
Laubblätter 127
Lebensraum 120
Leberblümchen 126
Lederhaut 34
Leiter 89
Leitungsbahnen 129, 131
Löwenzahn 119

Mastbullen 110
Melken 112
Messwerte 42
Milchkühe 110
Milchverarbeitung 112
Murmeltier 117
Muskeln 74

Narbe 135
Netzmagen 109
Nichtleiter 89

Oberhaut 34

Organische Stoffe 168

Paarhufer 108
Pansen 109
Papierherstellung 170, 172
Pferde 106
Pflanzenfresser 106, 109
Plakat 28
Pollenkörner 134
Projekt 162

Quellung 140

Rainfarn 122
Raps 143
Recycling 171
Reh 117
Rind 108
Rohstoffe 167
Rosskastanie 26
Rotbuche 123
Rötelmaus 117
Rückenmark 72
Rudel 99

Samen 136
Säugetiere 116
Schachblume 126
Schafgarbe 122
Schaltzeichen 87
Scharniergelenk 72
Schmelztemperatur 155
Schneeball 124
Schulmüll 166
Schweinerassen 114
Schweinezucht 114
Schweiß 33
Sehnen 75
Seidelbast 126

Sieben 158
Siedetemperatur 155
Sinneskörperchen 35
Skelett 70
Sommerzeit 13
Sonnenbrand 33, 36
Sonnenkollektor 61
Sonnenschutzmittel 37
Sonnenstich 33
Sonnenstrahlung 60
Sonnenuhr 15
Sonnenuntergang 12
Spaltöffnungen 132
Spätherbst 27
Spätsommer 27
Sprinkleranlage 51
Sprossachse 127
Steckbrief 121, 156
Stempel 135
Stieleiche 123
Stoffe 152
Stoffeigenschaften 154
Stoffgemisch 160
Strahllose Kamille 119
Sträucher 127
Stromkreis 86

Tachometer 82
Tageslänge 12
Temperaturausgleich 57
Temperaturkurve 14, 42, 44
Thermometer 41
Elektronische Thermometer 41
Transpiration 133

Unterhaut 34

Verdampft 159
Vergleichen 104

Vermehrung, ungeschlecht-
liche 25
Verrenkungen 76
Verstauchungen 76
Versuchsprotokoll 39
Vogelknöterich 119
Vollherbst 27
Vorfrühling 27

Wachstumsbedingungen 141
Waldkiefer 125
Wärmebild 61 f.
Wärmedämmung 55, 63
Wärmeleiter 54
Wärmeleitung 52
Wärmequelle, künstliche 46
Wärmequelle, natürliche 46
Wärmestrahlung 52
Wärmeströmung 52
Wegmalve 122
Wegwarte 122
Weißdorn 124
Weiße Seerose 126
Weißklee 119
Welpen 96
Wiederkäuer 109
Wiesenschaumkraut 143
Wildpferde 106
Wildschwein 114
Windbestäubung 139
Winterlinde 125
Winterschlaf 22
Wirbelsäule 71 f.
Wirbelsäulenmodell 73
Wölfe 99
Wurzelhaare 129
Wurzelteller 130

Zellen 132

Lexikon

Artgemäße Tierhaltung
Jedes Tier hat bestimmte Ansprüche an Ernährung, Bewegungsmöglichkeiten, Pflege und Unterbringung. Wer ein Tier hält oder betreut, trägt die Verantwortung, das Tier seiner Art und seinen Bedürfnissen entsprechend angemessen zu ernähren, zu pflegen und verhaltensgerecht unterzubringen und für hinreichende Bewegungsmöglichkeiten zu sorgen.

Befruchtung
Eine männliche Geschlechtszelle verschmilzt mit einer weiblichen Eizelle.

Bestäubung
Bei der Bestäubung gelangen Pollenkörner auf die Narbe einer Blüte.

Bewegung der Erde
Die Erde dreht sich in 24 Stunden einmal um sich selbst. Die Erde wandert im Laufe eines Jahres einmal um die Sonne.

Gelenk
Die bewegliche Verbindung zwischen zwei Knochen bezeichnet man als Gelenk. Zu einem Gelenk gehören Gelenkkopf, Gelenkpfanne, Gelenkschmiere, Gelenkknorpel und Gelenkkapsel.

Geschwindigkeit
Geschwindigkeiten werden mit dem Tachometer gemessen. Sie werden in km/h oder m/s angegeben.

Haltungsschäden
So bezeichnet man Erkrankungen der Wirbelsäule und der Muskeln, die die Wirbelsäule in ihrer normalen Form halten. Dadurch verändert sich die Körperhaltung. Rundrücken, Hohlrücken und seitliche Verkrümmungen der Wirbelsäule sind einige Beispiele für Haltungsschäden.

Hautkrebs
Hautkrebs ist eine lebensbedrohliche Erkrankung, die in der Haut beginnt. Häufige Sonnenbrände, besonders in der Kindheit und in der Jugend, erhöhen das Risiko, als Erwachsener an Hautkrebs zu erkranken. Hautkrebs kann geheilt werden, wenn er frühzeitig erkannt wird.

Hauttyp
Man teilt die Haut nach ihrer Färbung durch den braunen Hautfarbstoff in Typen ein. Dunkle Haut (Typ 4) enthält viel Hautfarbstoff, helle Haut (Typ 1) wenig Hautfarbstoff. Damit einher geht eine sehr unterschiedliche Sonnenverträglichkeit

Jahreszeiten
Wenn sich die Erde um die Sonne bewegt, ist die Erde der Sonne unterschiedlich zugeneigt. Dadurch erwärmt sie sich unterschiedlich. Das verursacht die Jahreszeiten. Menschen, Tiere und Pflanzen passen sich den Jahreszeiten an.

Kompost
Mit Kompost bezeichnet man wertvollen Humusdünger, der durch Verrotten von organischer Substanz (zum Beispiel Laub, Pflanzenreste, Obst- und Gemüsereste) entstanden ist. Kompostieren ist eine natürliche Form der Wiederverwertung (Recycling). In einem Komposthaufen werden abgestorbene Pflanzenteile zu Humus und Mineralsalzen zersetzt.

Leiter
Ein Material, das den elektrischen Strom leitet, nennt man Leiter.

Lichtschutzfaktor
Auf der Packung von Sonnenschutzmitteln befindet sich eine Angabe über den Lichtschutzfaktor. Zum Beispiel besagt ein Lichtschutzfaktor von 6, dass man sechsmal länger als ohne Creme in der Sonne bleiben kann, ohne einen Sonnenbrand zu bekommen.

Muskeln
Muskeln können sich zusammenziehen und dadurch zum Beispiel Arme oder Beine bewegen. Häufig arbeiten zwei Muskeln als Gegenspieler zusammen: Wenn sich der eine Muskel zusammenzieht, wird der andere gedehnt.

Nichtleiter
Ein Material, das den elektrischen Strom nicht leitet, nennt man Nichtleiter.

Recycling
Recycling ist ein englisches Wort und bedeutet „wieder in den Kreislauf zurückführen". Das deutsche Wort dafür heißt „Wiederverwertung". Glasrecycling bedeutet, dass Altglas gesammelt wird und daraus neue Glasbehälter hergestellt werden. Beim Papierrecycling wird aus Papiermüll wieder nutzbares Papier hergestellt.

Reinstoff
Diese Stoffe sind aus gleichartigen Bestandteilen zusammengesetzt.

Säugetiere
Säugetiere haben eine Reihe von gemeinsamen Merkmalen. Sie säugen ihre Jungen nach der Geburt mit Milch, haben ein Fell aus Haaren und haben in vielen Fällen immer die gleiche Körpertemperatur.

Schaltplan
Schaltpläne vereinfachen das Zeichnen von elektrischen Schaltungen.

Schaltzeichen
Sie stellen die einzelnen Bauteile eines elektrischen Stromkreises vereinfacht als Symbole dar.

Schweiß
Der Schweiß wird in der Haut gebildet. Durch kleine Poren (Schweißporen) tritt er auf die Oberfläche der Haut. Schweiß enthält hauptsächlich Wasser sowie Salze. Wenn das Wasser im Schweiß der Haut verdunstet, wird der Haut Wärme entzogen. Schwitzen kühlt die Haut.

Solaranlage
In einer Solaranlage wird durch die Sonnenstrahlung Wasser erwärmt.

Sonnenbrand
Ein Sonnenbrand ist eine Schädigung der Haut durch zu viel Sonne auf einmal. Wenige Stunden nach einem übermäßigen Sonnenbad rötet sich die Haut. Einige Tage nach einem Sonnenbrand werden Teile der geschädigten Haut abgestoßen. Die Haut schuppt sich.

Stoffgemisch
Gemisch von Reinstoffen. Ein Stoffgemisch kann man wieder in die Reinstoffe trennen.

Stromkreis
In einem geschlossenen Stromkreis fließt ein elektrischer Strom. Der Strom fließt von einem Pol der Stromquelle durch die Leitung zur Lampe und zum anderen Pol der Stromquelle zurück.

Tag und Nacht
Auf dem der Sonne zugewandten Teil der Erde ist es Tag. Auf dem der Sonne abgewandten Seite ist es Nacht. Die Zeit zwischen Sonnenaufgang und -untergang bezeichnet man als Tageslänge.

Temperatur
Die Temperatur beschreibt, wie warm oder kalt ein Körper ist. Temperaturen werden mit Thermometern gemessen und in °C angegeben.

Transpiration
Geregelte Wasserdampfabgabe der Pflanze über die Spaltöffnungen auf der Blattunterseite.

Transport von Wärme
Wärme kann auf unterschiedliche Weise transportiert werden. Strömung: Die Wärme wird mit einer Flüssigkeit oder mit einem Gas transportiert. Leitung: Die Wärme wird durch das Material geleitet. Metalle sind gute Leiter für die Wärme. Gase und Kunststoffe sind schlechte Wärmeleiter. Strahlung: Die Wärme der Sonne kommt durch Strahlung zur Erde. Für diesen Transport von Wärme ist kein Stoff notwendig.

Trennverfahren
Vorgehensweise, bei denen die unterschiedlichen Eigenschaften der Reinstoffe in einem Stoffgemisch zur Trennung genutzt werden.

Volumen
Jeder Körper nimmt einen Raum ein. Er hat ein Volumen. Bei Erwärmung wird das Volumen größer, beim Abkühlen geringer.

Volumenänderung durch Temperaturänderung
Die meisten festen Stoffe, Flüssigkeiten und Gase dehnen sich aus, wenn sie erwärmt werden. Je höher die Temperatur steigt, desto größer wird das Volumen. Beim Abkühlen wird das Volumen geringer.

Wärmedämmung
Durch eine gute Wärmedämmung wird die Abgabe von Wärme an die Umgebung verringert. Wärmedämmstoffe sind schlechte Wärmeleiter.

Wärme
Wärme wird beim Abkühlen abgegeben und beim Erwärmen aufgenommen.

Wärmequelle
Wärmequellen sind stets wärmer als ihre Umgebung. Natürliche Wärmequellen kommen in der Natur vor. Die künstlichen Wärmequellen haben die Menschen geschaffen.

Wasserleitung
Das von der Wurzel aufgenommene Wasser wird durch Wasserleitungsbahnen im Stängel bzw. im Stamm bis zum Blatt geleitet.

Wertstoffe
Das sind die Bestandteile des Abfalls und Mülls, die wieder verwertet (recycelt) werden können. Dafür ist es notwendig, dass die Wertstoffe getrennt gesammelt werden. Beispiele für Wertstoffe sind Holz, Glas, bestimmte Kunststoffe, Metalle, Papier und Pappe sowie alte Kleidungsstücke. Die getrennte Sammlung der Wertstoffe erfolgt durch besondere Sammelbehälter, die du in deinem Wohnort findest.

Bildquellenverzeichnis

Agrar-press, Nörvenich: 110.1
aid. Bonn: 114.3; S. 146 u.
Uwe Anders, Destedt: 24.2 o.; 25.3; 109.3; 130.2; 132.2; 137.1 u.; 140.3; 145.3; 149.3
Toni Angermayer, Holzkirchen: 114.1; 114.2; 116.1; 117.2 u.r.; 118.1; 130.3; 138.4
Archiv f. Kunst u. Geschichte, AKG, Berlin: S. 10 u.l.; S. 105 u.l.
Astrofoto Bernd Koch, Sörth: S. 11 o.r.
Bildagentur Geduldig, Engelsbrand: 78.1 u.r.
Bildarchiv Schuster, Oberursel: S. 10 M.l.
Blickwinkel, Witten: 117.2 M.r.
Christoph & Friends, Das Fotoarchiv, Essen: 78.1 u.l.
Deutsche Bahn AG, Berlin: 92.1
Deutsche Presse Agentur, dpa, Frankfurt/M.: 48.1
Dorling Kindersley Limited, London, erschienen bei BLV Verlagsgesellschaft, München, 1994: 100.1
Eye of Science, Reutlingen: 133.3
Floramedia Service, Vaduz, Liechtenstein: S. 3; S. 26; S. 64 M.; 131.1; 133.4; 134.1; 135.7; S. 136 u.l.; 137.1 M.r.; 141.4; 142.1; 143.2; 143.3; 144.1; 144.2; 145.4; S. 147 u.r.; 148.4; 168.1
FOCUS, Hamburg: 78.1 o.r.
Steffen Förster, New York: 59.4; 73.9; S. 105 u.r.; 115.5; S. 128 u.; S. 130 u.
Getty Images/Bavaria, München: 92.1 o.l.; 112.2
Bernhard Graf, Frankfurt a.M.: 119.2
Greiner & Meyer, Braunschweig: 100.3; 134.3; 137.1 M.; 140.1; 140.2
Otto Hahn, Bopfingen: 22.1; 23.3
IFA-Bilderteam, Düsseldorf: S. 3 o.; S. 8/9; S. 10 M.r.; u.r.; S. 11 o.; u.r.; 24.2 u.; S. 65 o.
IMAX, Forum der Technik, Deutsches Museum, München: S. 4 o.; S. 68/69
Manfred P. Kage, Institut f. Wissenschaftliche Fotografie, Lauterstein: 33.2
Keystone, Hamburg: S. 5 o.; 137.1 o.r.
Klaus G. Kohn, Braunschweig: S. 4; 41.2; 59.3; S. 65 M.; 67.6; 74.2; 76.1; 78.1 o.l.; S. 91; 93.4; 93.6; 118.1; 176.1; 176.2
Frans Lanting Inc. Santa Cruz, California: 106.1
Mauritius, Mittenwald: 32.1; 46.1; 74.1; 92.1; 96.1; 108.2; 115.4; S. 146 o.;
S. 175 u.

Joachim Musehold, Braunschweig: 50.1
Nationalmuseum,. Kopenhagen: 70.2
Natura 2000 Silvestris online, Kastl: 92.1 u.r.
Nature Production, Satoshi Kuribayashi, Tokio: S. 136 M.u.
Okapia, Frankfurt: 138.2 (F: K. Montag)
Paradigman/Ritter GmbH, Karsbad: 61.1
Alfred Pasieka, Hilden: S. 3 u.; 61.2
Klaus Paysan, Stuttgart: 100.2
Photostudio Druwe & Polastri, Weddel: 86.1
Reinhard-Tierfoto, Heiligkreuzsteinach: 55.2 r.; 101.4; 101.5; S. 105 o.r.; 108.1; 112.1; 113.3; 117.2 o.; 128.3; 126.1, 2, 4 u.6; 137.1 o.l.; M.l.; 139.7; S. 147 u.l.
Dieter Rixe, Braunschweig: S. 3; S. 4; S. 5, S. 7; S. 11 u.l.; 14.6; 28.1; 33.2; S. 35 u.; 36.1 l.; 37.2; 42.1; 44.1; 50.2; 52.1; 55.2 l.; 56.1; 56.2; 57.3; 63.3; 80.1; S. 81; S. 82; 84.2; 85.3; 88.1; S. 90;: 97.3; 152.1; 152.2; 153.4; 154.1; S. 155; S. 156; S. 157; 158.1;
S. 160; 162.1; 162.2; 163.4; 163.5; 164.7; 164.9; 166.2; 167.4; 167.5; S. 172/173; S. 174
Save-Bild, Augsburg: 92.1 u.l.
Britta Scheffer, Nürnberg: 166.1
H.J. Schwoch, Königslutter: 50.1
Dr. Specht GmbH, Infrarot-Messtechnik, Taunusstein: 62.2
Dr. Strecker, Ulm: S. 5; S. 150/151
Superbild, Grünwald: S. 4; 36.1 r.; S. 64 u.r.; 66.1; S. 94/95; 176.3
Total Walther GmbH, Köln: 51.4
Vividia, Puchheim: 117.2 u.l.; 126.3; 126.5
Wildlife, Hamburg: S. 4 u.; 102.1; 102.2; S. 105 o.l.; 106.2
Dr. Thekla Zachrau, Kurt-Tucholsky-Gesamtschule, Krefeld: 164.10; 165.11; S. 175 o.
Zeitbild/Fotofactory, Bonn: 158.8
Zentrale Farbbild Agentur, ZEFA, Düsseldorf: 46.2 (F: Heilmann)
Dr. Erik Zimen, Haarbach: 99.3

Einbandgestaltung: Thomas Schröder, Braunschweig, unter Verwendung einer Aufnahme von De Cuveland/Helge Schulz, Norderstedt

Grafiken:
Christine Henkel, Vechta: 103.5; 103.6; 106.3; 107.4
Alle übrigen Grafiken: Schwanke & Raasch, Hannover